成果を上げて5時に帰る教師の仕事術

岩瀬直樹
Naoki Iwase

学陽書房

まえがき

「早く帰りたいのに帰れない…」
「仕事がいつまでも終わらない…」

ああ、そうですよね…。
ボクたち教員の仕事は際限がなく、いつまでも仕事に追われてしまいがち。毎日ついつい遅くまで残ってしまうことが常態化しやすい職業といえます。

遅くまで残業することが常態化すると、当然ですが疲れがたまってきます。
エネルギーにあふれた子どもたちの前に毎朝笑顔で立ちたいのに、疲れが抜けない。だからついついイライラすることも増えてしまい…。
放課後そのことで自己嫌悪。でもやっぱり山のような仕事が追いかけてきて遅くまで残ってしまう。
このマイナスのスパイラルから抜ける方法はないでしょうか？

ボクも悩み続けてきました。
「どうすれば、『充実した仕事』と『早く帰って自分の時間を大切にすること』を両立できるか」についてずっと考えてきました。
ついつい遅く帰ることが当たり前になる中、子どもが生まれ、保育園や学童のお迎えという「業務」が発生して、必ず早く帰らなくてはならない状況になりました。大きなチャレンジのスタートです。たくさんの失敗と、たくさんの試行錯誤の末、自分なりに「効率よく仕事をして早く帰るコツ」みたいなものが徐々に言語化できてきました。余裕を持って仕事をすることができるようになってきたのです。

最近、「なぜ岩瀬さんは、そんなに忙しそうなのに、早く帰ったり、

本を読む余裕があるの？」
　と聞かれることが増えました。
　そんな時、日頃の仕事のコツをちょこっと紹介してみたところ、なるほど役に立った！　というフィードバックをもらうことがありました。
　もしかしたら、このコツは人の役に立つかも？　というわけで、この本にボクの試行錯誤のプロセスと、必要に迫られて編み出したボクなりのコツを整理してみました。ボクなりの働き方の考えもまとめてみました。

　あくまで「ボクがうまくいった」ものですから、すべてがみなさんの現場でうまくいくとは限りません。でもヒントになるものもあるんじゃないかなあと思っています。ぜひご自身の現場や置かれている状況に合わせて上手にアレンジしていただければうれしいです。

　ボクたちの人生は一度きり。
　仕事も自分の時間も大切にしたい。
　自分もまわりの人も家族も大切にしたい。

　そのために、ちょこっと日常を工夫してみましょう。
　その小さな一歩がやがて大きな変化を起こすかもしれません。

　この本は、学陽書房の山本聡子さんの多大なるサポートによりどうにか完成しました。心から感謝しています。
　そして、本書にも登場してくれたボクの家族のみんな。みんなの支えがあり、なにより日常が楽しく幸せだからこその仕事術です。
　どうもありがとう。

岩瀬　直樹

教師になった以上、
帰りたくても帰れなかったり、
長時間残業になったり、
プライベートが削られたって
しかたない…

あなたはそんなふうに
思っていませんか？

> そんなあなたにこそ、
> この本を読んでほしい
> んです。

プライベートや家族を大事にしながら、
教師もクラスも成長できる
そんな方法を
一緒に探していきませんか？

「こんなふうに働きたい！」
「こんなふうに自分の生きる時間を
大事にしたい！」
それって、必ず方法を見つけられます。

ぜひ本書でその方法を
見つけてください！

本の内容へ
GO!

成果を上げて
5時に帰る教師の仕事術
もくじ

まえがき——3

第1章 「うわっ！ 時間がない！」から始まった時間管理

いくらでも時間のあった初任者時代——16

忙しい自分に酔っていた2年目——18

結婚したら…時間がない！——20

[仕事術1！] 授業時間内にテストの丸つけをしよう！——22

[仕事術2！] よし！ノートもその場でチェックしちゃおう！——24

オクサン仕事復帰で、保育園お迎えが…さらに時間がない！！——26

[仕事術3！] TODOリストをつくる——28

[仕事術4！] 明日やることリストに付け足す——30

- **仕事術5！** ５分でできることはその場でやる —— 34
- **仕事術6！** 急なお休みに対応するために… —— 36

イヤイヤの工夫から気持ちの変化 —— 38

- **コラム①** 仕事術との付き合い方 —— 40

第2章 もっと仕事を効率化してみよう！

- **仕事術7！** 帰る時間を決める＆８割主義 —— 44
- **仕事術8！** 残業デーを決める —— 46
- **仕事術9！** 学級通信は３０分以内でできることを —— 48
- **仕事術10！** コメントは短い時間で —— 54
- **仕事術11！** 仕事の見積もり時間を把握する —— 58
- **仕事術12！** チェックリストで学期末を乗り切る！ —— 60

- 仕事術13！ 会議を短くし、記録する—— 64
- 仕事術14！ 学ぶ日・休む日を決める—— 70
- 仕事術15！ 職員室で「雑談」をしよう—— 72
- 仕事術16！ ネット断食の時間をもつ—— 74
- 仕事術17！ 時には時間をゆるめる—— 76

コラム② 妻からの岩瀬家レポート：わが家のモットー「みんなで仕事をして、みんなで楽しもう！」—— 78

第3章 先生として成長しながら、日常を大切にするために

教師として成長する上手な学び方—— 82

1年に一つ引き出しを増やす—— 86

教室は子どもたちとつくる！—— 88

保護者とポジティブにつながろう—— 92

保護者との付き合いで大事ないいことアンテナ── 94

堂々と手抜きをしよう── 96

わが家の家事分担ルール── 99

担任一人でがんばる時代は終わりを
迎えています── 102

コラム③ 岩瀬家の子ども３人に聞いてみました── 104

長いあとがき
ボクたちがやるべき仕事は何か── 108

第1章

「うわっ!
時間がない!」
から始まった
時間管理

いくらでも時間のあった初任者時代

　ついに念願の教員になった若い頃のボク。ステキなクラスをつくるぞ！　いい先生になるぞ！　夢と希望に溢れていました。
　しかし現実はそんなに甘くはありません。何しろ、仕事の内容と手順がまるでわからないわけです。膨大な仕事に何から手をつけてよいかわからない。周りの先生はテキパキと仕事を進めているように見える。夢と希望はあっという間に「不安」に変わっていきました。
　先輩に聞きながら、とにかく発生する仕事を一つひとつ必死で終わらせる。そんなスタートでした。

時間はいくらでもある

　一人暮らしをしていたボクの唯一の武器は「時間がいくらでもある」こと。遅くまで残っても、帰りにコンビニで弁当を買って、食べ終わると同時にバタンキュー。朝起きて慌ててシャワーを浴びて学校に行く。そんな生活を送っても誰にも迷惑がかかりません。
　いくらでも時間が使えることをいいことに、毎日夜8時、9時まで学校に残り、いつ終わるかわからない仕事を黙々と片付けていました。
　「遅くまで熱心だねー！」「ほお、こんな丁寧にノートにコメント書いているのか。若いのにたいしたもんだね！」こんな先輩の言葉にどこか喜びを感じながら。

やることはいくらでもある

　先生になって驚いたことは、「やる仕事はいくらでもある」という

ことです。やってもやっても終わらない。さらに一つひとつにかける時間もいわば自由裁量です。たとえば給食当番の掲示物一つつくるのにも、30分で終えることもできるし、数時間かけることもできてしまう。

　ノートのコメント書きや丸つけも同様です。時間をかけて丁寧にやるほうがよい。そう信じていたボクはそれぞれの仕事に膨大な時間をかけて仕事をしていました。

　学級通信も2時間ぐらいかけてちまちまと手書きで…。さらにクラスでもめごとが起きると両方の保護者に電話をしなくてはならなかったり、突然「ライン引き手伝って！」と言われて、追い込みの指導案をほっぽって校庭でラインを引き、その日も遅くまで残って指導案を仕上げたり…。たくさん時間をかけているのに全然ラクになっていかない。仕事が終わらない…。

残ることが常態化してしまった

　そんな毎日を送っているうちに、「遅くまで残ること」が当たり前になってしまいました。もう自分の中で「9時ぐらいに帰る」みたいなことがルールになってしまうのです。

　そうなると放課後4時ぐらいになっても、「ああ、まだ5時間ぐらいあるなあ」となんだかのんびりした気持ちになってきます。夜9時ぐらいまでダラダラと仕事を続け、目も疲れショボショボし、お腹がすいてどうにもならなくなると、「そろそろ退勤時間だなあ」と、丸つけをやり残したテストを鞄に詰め込みます。帰り道にコンビニで弁当とビールを買って、テレビを見ながらパクパク。

　「ああ、テストの丸つけ終わってなかったっけ〜」と持ち帰ってきたテストの山を見て、「もう疲れたから、明日の朝起きてやろう…」とバタンキュー。当然朝は起きられるはずもなく、「今日の放課後やるしかないかあ」と、そのまま学校に持って行く。そんな毎日が常態化していたのです。

忙しい自分に酔っていた2年目

　毎日夜遅くまで仕事をしているボク。ボクはそんな自分をどこか「かっこいい」と思っていたようです。たくさん仕事をする人＝有能とどこかで思い込んでいました。早く帰る人を、「やることがなくていいよなー」なんてどこか思っていたのです、恥ずかしながら…。

学びの場に行き始める

　いい先生になりたい。でも今のままでは理想ばかりで何もできない。クラスもなんだかグシャグシャしてるし…。初任者のボクは焦っていました。そこで、さまざまな研究会や学習サークルに行き始めました。

　いくつものサークルや研究会を掛け持ちして、週末のたびに出かけていきました。そういう場に行くと、ある種の「高揚感」が生まれます。「ああ、オレ学んでいるなあ〜」という感じ。その高揚感をバネに、ボクはいろんな場に行きまくったのです。何もない週末も午前中は疲れでバタンキュー。ヨロヨロと昼頃起き上がると、「学級通信つくるかなあ、最近書けてないし」とやっぱり仕事に使ってしまっていました。

余暇を削り始める

　こうして週末も教員としての時間で埋まっていきました。そうなると当然、自分の時間がなくなっていきます。読書が好きでミステリーが好きだったボク。いつのまにか読む本も教育関係の本ばかりになっていました。週末よく行っていたキャンプも行く暇がありません。当

時お付き合いしていた彼女（今のオクサンです）と会う時間もなかなか捻出できなくなってきてしまっていました。

　彼女も教員。お互いの忙しさに週末のちょっとした時間に会うのが精いっぱいでした。「ああ、このままでは続かないなあ」と何とか会う時間をつくろうとして考えたのが、研究会に連れて行く、という荒技。

「すげー勉強になるからさー、一緒に行こうよー」「…うん」

　よく付き合ってくれたなあと今になって思います。**プライベートの大切な時間まで、仕事に浸食され始め…いや、されたのではなく自分で浸食していったのです**。余暇の時間を極限まで削り始めました。

そんな自分がかっこいい

　正直に言うと、ボクはそんな自分が「かっこいい」と思っていました。自分の時間を削って、子どもたちのために、仕事のために、全力でがんばっている自分。休日も学びに行っている熱心なボク。確かに前よりもいい授業ができるようになった感じがする。だいたいお給料をもらっているんだから、一生懸命やって当たり前だよな。夜遅くだって、休みだって仕事してる人はいっぱいいる。そういうもんだよ、うん。

　早く帰っている人や、週末遊んでいる人って、本気でいい先生になりたいのかねえ。まったく仕事を甘く見てもらっちゃ困るよなあ。恥ずかしながら、ボクはそんなふうに考えていました。

「今日は子どもの塾の送り迎えがあるから、早く帰るね」「今年娘が受験でね、いろいろ大変なのよ」という先輩の先生に「おいおい、家庭のことを仕事に持ち込むなよー」なんて思っていたのです。きっと当時のボクはそういう雰囲気が毛穴から出てしまっていたと思います。

　そんな大きな勘違いをしながら、ボクは仕事をしていたのです。自分に時間があることをいいことに。真っ暗な校舎の中、一つぽっかり明るくなっている教室で、いつ終わるともない仕事を続ける毎日を送っていました。

結婚したら…時間がない！

　そしてボクは結婚しました。やがて子どもができました。ここで驚くべきことが起きました。「時間がない」ということです。自由裁量だった時間の大部分は、「家族のための時間」という時間に変わっていったのです。

早く帰ることに…

　産休・育休で家にいたオクサンは、家事・育児をほとんど一人でやってくれていました。そのおかげで、今までと同じように遅くまで残って仕事ができる毎日。家に帰ってもご飯はできているし、家事もやってくれている。「ああ、今までよりラクチンだなー」と正直そう思っていました。

　しかしそうなると、２人の時間が当然まったくとれません。それがもとでちょっと険悪になったり…。せっかく結婚したのに、毎日遅く帰るのでは意味がない。家族会議の結果、「晩ご飯は家族で食べよう」と決まりました。帰宅の時間を６時頃にすることに。そうすれば、７時頃には一緒に食べ始められます。夫婦でいろいろ話す時間も生まれるはず。子どもが生まれたばかりで、ボクの中にも早く帰りたい、という思いが生まれ始めていました。

　ボクには子どもをお風呂に入れる、という重要な任務が課せられました。もう帰らないわけにはいきません。**そして、こういうことにちょっとずつ幸せを感じ始めていたのです。「ああ、大切な人のために時間を使うのっていいなあ」**って。

しかし、今まで9時まで残っていたボクにとってそれは、3時間も早く帰ることになります。「3時間分の仕事、どうするんだー！」という切実な問題が生まれました。

3時間分の仕事をどうすればいい？

　今まで放課後残ってやっていた仕事。テストの丸つけや、ノートのコメント書き。学級通信をつくったり、学年の仕事もあります。会計だってやらなくちゃだし。ああ、明日の授業の準備が全然終わっていない。プリントもつくらなくちゃ。今まで9時までかけたって終わらなかった仕事を、どうやって毎日6時までに終わらせられるのだろう。どう考えても無理です。そこでボクがとった戦略。それは「すべて持ち帰る作戦」でした。

「すべて持ち帰る作戦」

　今まで残ってやっていた仕事を全部家に持ち帰る。一通り家のことが終わったら、家で続きをする。何とも安易な作戦ですが、機能しました。それはそうです。やる場所を変えただけで、かけている時間は変えていないのですから。しかし、重要な問題が起きます。それでは家族との時間が結局生まれない、ということです。晩ご飯の時と、子どもをお風呂に入れる時だけ。あとは結局学校に残っているのと同じことです。

　持ち帰る仕事を減らさなくちゃ自分のための時間が生み出せない。家族との時間が生み出せない。ついにその当たり前のことに向き合い始めました。どうにか学校にいる時間でやれる方法はないか。

　ついにボクは「仕事の効率化」に向けて動き出したのです。こう思えるようになるまでに何年もかかりました。

　まず思いついたこと、それはプリントやテストの丸つけの改善でした。理由は簡単。一番持ち帰りが多い仕事だったからです。

仕事術1！
授業時間内にテストの丸つけをしよう！

　ついついたまりがちなテストの丸つけ。たまった頃にやっと丸つけをして子どもたちに返す頃には、もう子どもたちも内容を忘れています。「先生、こんなテストやったっけ？」。まずボクが取り組んだのは、「テストをやった時間内に丸つけをして返してしまう」ということです。

終わった人から持ってきてもらう

　テストをやり終える時間は当然一人ひとり違います。10分ぐらいで終わる人もいれば、1時間フルに使う人も。終わった人は、暇にしていたりお絵かきをしていたり、ということはよく見る光景です。そこで、「テストが終わって見直しが終わった人から、ほかの人の邪魔にならないようにそっと持ってくる」という方法にチャレンジ。これなら、どんどんその時間の中で丸つけができそう。みんながテストをやっている間、ボクは教卓のところで待っています。ルールは、3つ。
　①丸つけをして席に戻るまで静かにする（まだ集中して取り組んでいる人がいるから邪魔しないでね、と話しておきます）。
　②一度立ち上がってしまったら、もう並ぶしかない。
　③丸つけが終わったら、席でテスト直しをする。

授業内でほぼ丸つけが終わった！

　おそるおそるこの方式でやってみました。子どもによって終わる時間がまちまちなので、ちょうどよい具合にバラバラと丸つけにやって

きます。持ってきたテストをボクはどんどん丸つけ。間違いのポイントをその場で、「ここ、式を勘違いしてるよ」「図を確認してごらん」とささやくようにアドバイスもできます。そう、個別指導がここでできちゃうんです。最初の頃は、時間内で全員は無理でしたが、続けているうちに、どんどん効率がよくなり、数ヵ月後にはほぼ時間内で丸つけが終わるようになりました。

慣れてくると列に並んでちょっとざわざわしちゃうもの。そんな時はクラスみんなで考えるチャンスです。

「どうすれば、集中してやっている人の邪魔をしないで、テストの【その場チェックシステム】でやっていけるか」のアイデアを出し合い、自分たちのルールをつくります。

子どもたちってすごいです。「列が混んでいる時は、自分の席でもう一度見直しをして、空いている頃に行く」なんてルールを考え出したりします。みんなで考えれば先生が怒る必要もありません。

思わぬ利点

本来、自分のテストの結果は早く知りたいもの。でも、今までは、子どもたちにとって「忘れた頃に返ってくる」ものでした。「イワセンはすぐに丸つけして返してくれるからいいよね」とある子に言われた時、「ああやっぱりそうだったんだ」と思いました。**その場ですぐに丸つけをしてもらうことで、自分の間違えたポイント、理解しきれていないことがすぐに「本人にわかる」ようになったのです。**

「ああ、ここ勘違いしてた！」と、その場でテスト直しもでき、より理解が深まるようになりました。「イワセン、くやしい！　もう1枚やりたい」なんて声も。ボクも仕事の持ち帰りが減ったので両者にとって利点のある方法になったのです。改めて、テスト返却とテスト直しの時間を設定しなくてもよくなり、「仕事の効率化」をまじめに考えるきっかけとなりました。

仕事術2！
よし！ノートもその場でチェックしちゃおう！

　「テストその場チェックシステム」で勢いに乗ったボクは、「待てよ、これはノートでも同じじゃないか？」と思い至りました。授業終了後、ノートを提出してもらい、その山を持ち歩く日々。ノートも同じように、その場でチェックできるのではないか…。
　そしてそれは可能だったのです。

授業のノートもその場でチェック

　授業終了後、ノートを集めることがよくあります。ちゃんと書いているか、答えは合っているか、書き方はどうか。見たいポイントはいろいろです。これも「その場チェックシステム」を適用してみます。
①授業終了後、ノートを集める。出席番号1～10の人は1の人へ、11～20の人は11の人へ、というようにルールを決めておけば短時間で出席番号順に集まります。
②今日見る視点を一つ決める。たとえば、今日は「まとめに何が書いてあるか読もう」など。
③授業終了後の休み時間に一気に見ていく。
④スタンプは押すが、コメントは書かない。コメントしたいノート（気になったり、いいなと思ったノート）は、違う山にしておき、返却時に口頭でコメントする。
⑤ノートはすべてその日のうちに返却する。
　評価の視点を一つにすることで素早く、適確にノートを見ることができます。慣れてくれば、いくつかの視点で見られるようになります。

持ち帰らずにすむ！

　これもやってみれば当たり前なのですが、持ち帰らずにすむようになります。その場で見ることで、自身の授業の振り返りにもなります。「ああ、ここまだ理解できていない人が多いな。明日の最初に確認しよう」「ノートの書き方がちょっと乱れてきているから、明日の授業はもう一度ノートの書き方の話をしよう」といった具合です。

　違う山に分けたノートには、
「最近、ノートの書き方が丁寧で見やすいね！」
「この問題わからなかった？　今日の給食の時間に一緒にやってみない？」
「まとめに書いてある、この疑問いいねえ！　ボクも不思議に思ったよ」等々、一言コメントしながら返していきます。一度に全員やろうとせず、一人につき週に一回はコメントして返す、ぐらいの目標にするとよいでしょう。ボクは、家庭学習ノートも同じような方式で見ています。

　給食の配膳中に、ノートを見て、①**スタンプを押す**、②**本人に声をかけて、一言（5秒くらい）添えて返す**（具体的にいいところをメインに。時にはアドバイスも）、といった具合です。

「先生はみんなに話しかけてくれる」

　この方式を続けていて、ある子に言われたとても印象的な一言があります。**「イワセンは、みんなに話しかけてくれるよね」** 今まで全員に夜遅くまでコメントを書いていた時には、一度も言われたことのない一言。全員と言葉を交わす機会がある。今までこんな当たり前のこともできていなかったことに、自分でビックリしました。

　持ち帰らずに、その場その場で仕事を「片付けて」いこう。そんな気持ちで始めた苦肉の策から、一人ひとりとつながっていくことの重要性に気付くことになったのです。

オクサン仕事復帰で、保育園お迎えが…さらに時間がない!!

　オクサンの育児休暇期間が終わり、いよいよ仕事復帰。子どもは保育園に行き始め、共働きが始まります。ここまでは家にいたオクサンが家事・育児の大半をしてくれていましたが、ここからは2人でやらなくてはなりません。同じ仕事をしているわけですから、当然仕事も半分こになります（実際はオクサンがずいぶん請け負ってくれていましたが、ずいぶん先までボクは半分やってるつもりでした。恥ずかしながら…。またそのお話はどこかで）。

　がんばらなくちゃなあ！　「私は先に帰ってご飯をつくるから、あなたは保育園お迎えに行ってね」とオクサン。合点承知！…まてよ。ということは…。

5時に学校を「出なければならなく」なる

　保育園のお迎えに毎日行かなくてはならない、ということは、イコール「毎日5時に帰らなくてはならない」ということです。今までは自主的に「早く帰ろう」としていただけなので、たとえ帰れない日があっても、まあしょうがないと思えました。

　でも、今日からは違うのです。絶対の絶対に早く帰らなくてはならないのです。

　この時期になってようやく、お母さん先生が「子どものお迎えがあるので」と申し訳なさそうに帰る時の気持ちがわかりました。正直に言いますが、それまでは「仕事のほうが大事でしょ！　子どものお迎えで帰るなんてなー！」と思っていたのです…。人間、体験しないと

わかりませんよね…。
　毎日必ず帰る、なんてことができるのでしょうか。

工夫するほかない。さあどうしよう

　放課後になると、時間に追われるように仕事を片付けました。何度も何度も時計を見上げながら、「あと20分」「あと5分」…時間が追いかけてきます。仕事が途中でも、「すみません！　お迎えがあるので失礼します！」と職員室を飛び出す毎日。時には会議の途中にもかかわらず、「すみません…」と小さくなって会議室から出て行くことも…。
　今までの工夫ぐらいでは、毎日5時に帰るのは難しくなりました。もっともっと工夫しなくては。
　お迎えに行った時のわが子の笑顔に救われる毎日ですが、仕事上はいよいよ追いつめられていきました。
　この頃は夫婦でももっともけんかが多い時期でした。お互い忙しく、でもお互い早く帰らなくてはならない。疲れもたまるし、仕事の持ち帰りも増える。2人ともイライラしていました。
　帰りたいのに帰れない、でも帰らなくてはいけない。このジレンマに2人とも困っていたのです。

積極的に仕事を変えていこう

　いよいよもっと根本的に仕事の仕方を変えていかなくては、生活できなくなってしまいました。
　どうすればよいか。ボクは本屋さんに行って仕事術の本を片っ端から読み始めました。友だちや先輩にも工夫を聞きました。
　そして「よさそう」と思った方法を試し始めました。「5時に帰るためにはどうすればよいか」。
　しかもそれは手抜きをするのではなく、今までの仕事の質を保ったままです。
　ボクのあらたなチャレンジが始まりました。

仕事術3！
TODOリストをつくる

　たくさんの仕事に「とても終わりそうにない」と思ってヘロヘロになる毎日。多すぎて終わる気がしない。でもそれは本当なんだろうか？ やるべき仕事はいったい何個あるんだろう？　早く帰らなくちゃならないのに…。よし。まずは、ボクがやらなくちゃいけない仕事を全部棚卸ししよう！

　そこで、どんな仕事があるのかTODOリストをつくってみることにしました。1週間分の「やらなければならないことリスト」を作成したのです。

前の週の金曜に来週1週間のTODOをつくる

　まず自分にはどれだけの終わらせるべき仕事があるのか。ボクはそれを把握するところから始めました。金曜日の放課後。「来週やらなくちゃいけない仕事は？」と自分に聞いて、付箋に書き出します。1枚1仕事。テストの丸つけも、会議も、集金も、アンケート回答も、思いつく限りの仕事はすべて書き出したのです。もうこれ以上ないというところまですべて出し尽くすことがポイント。「よし、この付箋の仕事が全部終われば、来週はOKだな」。戦う（？）べき相手の全体像が見えてきたら、次は攻略するための戦略です。その付箋を月曜日から金曜日に振り分けていきます。

　月曜日は放課後が空いてるから多めにやって、テストの丸つけは火曜の朝にやって返却しよう、集金は木曜に集まるから木曜日にまとめて…といった具合に5日間に振り分けてTODOリストは完成です。

ボクはA4の紙1枚に簡単に清書して机に貼っておきましたが、手間なら付箋のままリストにして、終わった仕事の付箋をはがしていってもいいですね。

全部書き出す。細分化する

　この仕事術の一番大切なポイントは、「思いつく限りの仕事をすべて書き出す！」ということです。ノーミソの中には何も残さない。そのTODOリストの仕事がすべて終われば、ほかにはすることがない！という状態にするのです。やってみるとわかるのですが、こうやってリストができると、何だかすっきりします。仕事を覚えておかなくていい、そのリストさえ見ればいい状態にするだけで、びっくりするぐらいストレスがなくなります。そして、仕事の抜けも抜群に少なくなりました。

　もう一つのコツは、**「仕事をできるだけ細分化する」**ということです。たとえば子どもにアンケートを採って集計して提出という仕事があったとします。その場合、「子どもにアンケート」という書き出し方ではNG。「子どもにアンケートを採る」「集める」「集計する」「教務主任に提出」「残りのアンケートをシュレッダーにかける」と5つの仕事に細分化するのです。こうすることにより、アンケートを採るだけで一つのリストを終了できますし、どこまで進んだかの進捗状況がはっきりします。何よりリストがどんどん消えていって、やる気がアップします。ボクたちは、やった仕事が可視化されるとうれしくなるものなんです（ボクだけ？）。

朝に今日やることをチェック

　毎朝、今日のTODOリストをチェックしました。

　このリストが消えたら今日は帰れます！　隙間時間ができたらこのリストを片っ端から片付けていきました。これが終わればお迎えに行ける！　こうやって「今日やるべきこと」をハッキリさせ、それを片付けていくことで、ずいぶん仕事が効率的になってきました。

仕事術4！
明日やることリストに付け足す

　1週間分のTODOリストは完成しました。
　今日は、この1日分のリストを片付ければOK。よし、今日は5時に帰れそうだ。と思っていたら、新たな仕事が発生した。そう、仕事って突然発生するんですよね。また新しい文書が来た。注文しなくちゃいけないものができた。出張依頼文書に回答しなくちゃ。学年便りつくるの忘れてた、等々。それを今日のリストに付け足していくと、やっぱりいつものように帰りが遅くなります…。そんなときどうすればいいか？　それは「明日のやること（TODO）リストに付け足す」です。

今日に仕事を付け足していくと、ずっと帰れない…

　1週間分のリストを見れば、「明日やることリスト」がはっきりしています。その日に発生した仕事は、その日のリストには入れません。「明日のやることリスト」に付け足すのです。これによって、今日のTODOリストは変わりません。今日は朝に確認した仕事を終わらせさえすれば帰れる、という状態をキープするんです。そうすれば5時に何とか出られる。このリストに仕事を足してしまうと、少しずつ帰るのが遅くなっていつの間にか毎日遅くなる、に戻ってしまいます。ボクもそういう失敗を数多くやってきてしまいました。

「明日できることは今日やらない！」明日やることリストに足す！

　そこで、今日の分の仕事量は変えない、新たな仕事は明日に入れる、

というルールにしました。

明日発生した仕事は、もちろん明後日に追加です。これをルールにすること。そうすると、その日の仕事量は変わりません。毎朝、その日の仕事量が確認できて、「これさえ終わらせれば帰れる！」をキープできます。一見先延ばしの仕事術に見えますが、そんなことはないんです。

ボクの大切な友人に「明日できることは今日やらない」と言って酒を飲む人がいるんですが（笑）、これって結構大切なことなんだと30歳をすぎてから気付きました。今日はここまで、と決める。そうやって安定的に決められた時間に仕事ができるようになりました。

瞬時に仕事を仕分けできるようになる

TODOリストをつくるときに、次のようなルールを徹底することで瞬時に仕事を仕分けできるようになりました。

①仕事が発生→5分以内ならその場で終える
②5分以上かかるなら明日のTODOリストに足す

この2つだけなので30秒もあればOK。仕事の抜けもなくなり、いつでもリストを見ればいい状態になります。やるべき仕事を覚えておかなくてもよい、というだけでストレスは半減！　ぜひやってみてくださいね。

1ヵ月続ければ習慣になって、TODOリストをつくることが当たり前になります。教師には、日々いろいろな事務仕事が発生します。そして、予期しない事務仕事に追われて、多忙感ばかりが折り重なっていくという現実があります。そのための仕事術が「明日やることリスト」です。

仕事を「仕分け」しよう

日々発生する事務仕事。ボクはこんなルールで仕分けしています。

①**5分以内にできるものは、その場で終えてしまう**

　　すぐ終わることは、その場でやってしまう。これ、簡単そうで、とても大事な方法です。忘れないうちにその場でパッと終えてしまう。この仕事を後回しにすると、「どんな仕事だったか」を思い出すことから始めなくてはならないため、倍以上時間がかかることになりかねません。

②**期日があり、その日にならないと完成しないものはカレンダーに書き込んでおく**

　　一番困るのは「忘れてしまうこと」です。その仕事に着手し始める日をカレンダーにすぐに書き込みましょう。ボクは半年先の仕事でも、たとえば「修学旅行の打ち合わせの電話をする」と書き込んでいます。

③**それ以外は「明日やることリスト」に書き込む**

　　この「明日やることリスト」がポイントです。

　実はこのやり方はボクのオリジナルではなく、『マニャーナの法則 明日できることを今日やるな』（マーク・フォースター、青木高夫訳、ディスカヴァー・トゥエンティワン）という本を参考に実践しているものです。

　特別な用紙などは必要なく、ただ白い紙に仕事をリスト化して書き込んでいくだけのシンプルなやり方ですが、毎日の仕事量と内容がはっきりと《見える化》され、驚くほど順調に事務仕事が片付いていきます。興味を持った方は、ぜひ本も読んでみてくださいね。

やることリスト

5/16 To Do
- ~~宿泊学習 FAX~~
- ~~安全教材資料~~
- ~~耳鼻科検診 13:40〜~~
  ㊟ ~~問診表~~
  ~~髪の長い子は学年帽~~
- ~~校外Tel~~ → 明日
- ~~プール清掃~~
- ~~たてわり班確認~~   終了!!
- ~~宿泊資料 配布~~
- ~~下校指示 提案資料作成・印刷~~
- ~~全校遠足 感想発表代表決める~~
- ~~算数 プラン作成~~   ○○君に決定!

仕事術5！
5分でできることはその場でやる

　「岩瀬さーん、このアンケートお願いねー。明日の帰りまでにねー」「あ、そうだ。画用紙を今週中に注文しなくちゃ！」こんな感じで次々に事務仕事が発生します。書類、アンケート、電話、連絡帳等々。
　TODOリストに足していくと、どんどん増えていって終わる気がしません…。そんなときに役立つ仕事術。それは31ページでも少し触れましたが、「5分以内で終わる仕事はその場で終わらせる」です。

5分以内で終わりそうと思ったら、その場でやってしまう

　たとえば、管理職からアンケート回答の依頼が来たとしましょう。期限は今週中。「ああ、あと4日あるなあ。めんどくさいなあ。放課後やるかあ」そんなことを思いながら書類の山へ。そのまま忘れてしまい、締め切りすぎてから「岩瀬さん、まだ出していないよ！」と注意される。すみません、ボクがよくやっていたミスです。それを改善するためにやった方法は、TODOリストに書き足していくこと。でもそれではリストがどんどん増えてしまって、気分が萎えてきます。

　そこで仕事が発生したときに、「この仕事は5分以内で終わるかどうか」で瞬時に判断することにしました。5分以内で終わるのであればその場で片付けてしまう。それで多くの仕事がその場で終えられるようになります。そして驚くぐらいそういう仕事は多いのです。

　仕事は終わって気持ちがいいし、TODOリストは増えないし、で

一石二鳥です。周りからも「仕事が速い」なんて思われるというおまけもつきます。5分以上かかりそうだな、と思った仕事はTODOリストに書き足します。最初に仕事の仕分けをするわけです。

あとで思い出すのは大変。倍以上時間がかかる

たとえば、出張依頼の文書に回答をしなくてはならない、としましょう。その文書が回ってきて管理職から説明を聞いたときは、何をするかがよくわかっているので、その場で回答すればすぐ終わります。ただこれを後回しにして1週間後に取りかかるとしましょう。そうすると、まず書類を読み直してどんな仕事だったかを思い出すところからスタートします。「そういえば校長先生が何か説明していたな、何だっけ」思い出そうと思ってもなかなか思い出せません。「校長先生、これ何か気をつけることありましたっけ」と再度聞きにいく…。取りかかるまでにやたら時間がかかります。**その場ですませれば終わっていたのに、先延ばしにするだけで倍以上時間がかかってしまうこともあるのです。**

やった仕事もTODOに書き足して消して喜ぶ

5分以内で片付けた仕事、せっかくなのでTODOリストに書き足して、すぐに消しましょう。終わった仕事なのにわざわざリストに書いてすぐにチェックで消すなんて手間に、意味はあるのでしょうか？実はあるのです。1日が終わる時、終わった仕事のリストが可視化されると「ああ、今日はこんなに仕事を終わらせることができた！」と喜ぶことができます。これに限らず、その日やった仕事はどんどんTODOに書いてすぐに消す。こうやって終えた仕事を可視化することで、今日がんばったなあと自分をほめることができます。こういうことって、小さなことですがとても大切です。

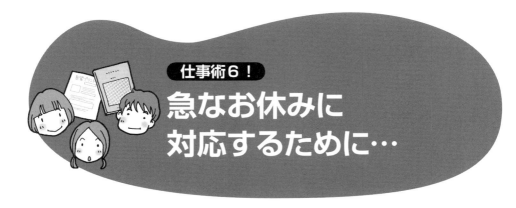

仕事術6！
急なお休みに対応するために…

　子どもが保育園に行くようになると必ず直面する問題があります。それは、「具合が悪くなって突然、お迎えに行かなくてはならなくなる」「突然休まなくてはいけなくなる」という問題です。保育園から電話が来ると「あーお迎えだ…」。それからはオクサンとのバトルです、「オレ、今は空けられないよ」「私だって空けられないよ！」。朝子どもに熱があると、どちらが休むかの気まずい相談。

急な休みがでる。自習が…できなくて当たり前

　急に学校を休まなくてはいけない日ができるようになりました。学校に連絡をして、その日は自習が多くなります。でも何も準備をしていないので、代わりに教室に行ってくださる先生が、計算ドリルや漢字などを自習でさせてくれます。でも、子どもたちだってすぐに飽きてきます。今までやったことがないのでできなくて当たり前です。にもかかわらず、次の日、「昨日の自習さわいだでしょ！」と説教。ボクの責任なのに…。

「自習プリントセット」を常備しておく

　そこで、教室に「自習プリントセット」を用意しておくことにしました。子どもたちが飽きないように表は問題、裏はクイズやパズル、塗り絵等々。1時間静かにやれそうなプリントセットを、予めたくさん印刷しておいて教室に常備するようにし始めたのです。
　子どもたちの中には、「たまには休んでよー、あのパズルの続きや

りたいのにー」なんて声も。おいおい、と思いつつ、予め自習の準備をしておいて急なお休みに対応できるようにしたのは正解でした。

　教育雑誌「たのしい授業」（仮説社）で紹介されていた漢字の塗り絵ならぬ塗り字の「漢字の宝島」には、ずいぶん助けられました。子どもたちは、１時間楽しんでぬりぬりしてくれました。

※漢字の宝島は下記参照
　奥野かるた店HP　　　http://okunokaruta.shop-pro.jp/?pid=14481246

本を置く。読書が当たり前になる。

　もう一つは、読書環境を教室につくる、ということです。ボクは若い頃から教室に本を置いていたのですが、その本をドンドン増やしていくことにしました。

　お給料が出る度に「月に１万円は児童書を買う」と決めて、古本屋さんへ。100円の本なら月に100冊買えます。教室の本をどんどん増やし、朝自習や国語の授業の始めの10分に、「自由読書」の時間を日常的にとるようにしました。

　毎日本に触れていると、読書好きな子がどんどん増えていきます。家に持って帰って読む子も増えていきました。

　身近に本がある、というのは本当に強力で、気楽に手に取れるようになったこと、読む時間が毎日あることで、自然と読書の世界に誘われていったのです。

　そのおかげで急な自習で、１時間読書をすることになっても「やったー！」と喜ばれるように。ボクは急な早退やお休みのとき、ずいぶん本に助けられました。若い頃にこうやって読書に取り組んでいたことは、結果としてその後のボクの実践にも大きな影響を与えることになりました。何がプラスになるのか、人生とはわからないものです。

イヤイヤの工夫から
気持ちの変化

　最初は「早く帰らなくてはいけない」という必要に迫られて、いわばイヤイヤ工夫する中で生まれてきた数々の仕事術。それは「早く帰らなくてはならない人のための仕事術」でした。でも、ちょっとずつボクの意識は変わり始めたのです。それは早く帰る中で生まれてきたものでした。

早く帰って、一緒に遊ぶ子どもの幸せそうな顔

　ある夏の日。早くに学童にお迎えに行き帰宅。日も延びてまだ日は暮れていません。「おとーさん、外明るいよ。遊ぼうよー！」子どもの声に、お米を炊飯器にセットしてから「そうだなー、ちょっと遊ぼうか！」と家の前で2人で遊び始めました。一輪車の練習、ボール投げ、けんけんぱ。きゃっきゃと笑いながら遊ぶ娘。あまりに楽しそうな姿にボクまでうれしくなります。

　こんな幸せそうな顔をして遊ぶんだなあ。こういう顔、最近見てなかったなあ。いや見ようとしていなかったんだよ。仕事のことばかり考えて過ごしていたなあ。ほんの20分ぐらいの時間もとれてないんだな。

　「おとーさん！　空見て！」

ああ、空見てなかったなあ

　娘の声に2人で空を見上げました。空はびっくりするぐらいのきれいな夕焼け空。空がオレンジ色に燃えていました。「きれいー！」「お

とーさん、空が燃えているみたいだねー！」「ほんとだねー」
　しばらく２人で道路に寝っ転がって空を見上げました。
　ボクはこの頃、空を見上げる余裕すらない生活を送っていました。空はいつもそこにあったのに。子どもも、オクサンもいつもそこにいたのに、日常に追われるあまり、言ってみれば、「仕事をよりよくするために仕事をする」みたいなところに陥っていたのでした。家庭生活はこなさなくてはいけない義務、みたいな感じに…。
　ボクはそもそも何のために働いているんだろう？　そんな問いが自分の中に生まれました。もっと日常の一つひとつの幸せを大切にしたいなあ。優先順位を間違えないようにしよう。もっと積極的に「早く帰る」ことをとらえよう。そう思い始めたのです。

育休で気持ちの変化が仕事の仕方を変えた

　その後、ボクは２人目の子の時に育児休業を取ることになりました。
　１年間の育児休業。それは、身近な人、自分の周り、自分の生活を大切にすること、にじっくりと向き合う１年でした。
　子どもたちの笑顔、オクサンの笑顔のために暮らす。自分もみんなも幸せになれるように暮らす。ひたすらそのことを実践する専業主夫生活。何気ない日々の暮らしの中の楽しさや幸せを、ようやく実感することができたのです。
　もちろん仕事もとても大切でやりがいがあります。でも、それはどっちかをとるという問題ではなくて、両方をバランスよくしていこうということなのだということに気付いたのです。そのためにも積極的に「早く帰る仕事術」を身に付けていこう、と思い始めました。ちょっと気恥ずかしいですが、「愛する人を愛するための仕事術」という感じでしょうか。

　こうしてボクの仕事術「第２期」が始まりました。

仕事術との付き合い方

●アレンジしよう！

　この本のような「仕事術」を読むと、なんだか簡単にできそうな感じがしてしまいますが、実際は試行錯誤や悩みの連続でした。自分のライフスタイルや性格、タイプに合う「仕事術」になるには実は簡単ではありません。
　「ある方法を試してみては振り返り、うまくいかなかったらちょっとやり方を変えてみて、もう一度試す」、を繰り返してきたのです。この本のテーマと矛盾するようですが、
　「どんなときでも誰にでもうまくいく方法」は残念ながらありません。
　ですからこの本に載っているさまざまな「やり方」も、「そのままやれば誰でもうまくいく！」ものではないのです
　この本をヒントに、自分に合ったやり方にアレンジしていく、ということを大切にしていただきたいなあと思っています。
　（帰る時間だってこの本では「5時！」がタイトルですが、職場と学校の距離、ライフスタイルによっても違いますもんね）ちょっとずつ試行錯誤していって、ちょっと改善されたら、その小さな成功体験を喜ぶ！
　その積み重ねの上に、「自分に合った方法」があるとボクは考えています。

●悩み苦しみながら進むこともある

　ボクが育児休暇を取るとき、実はたくさん悩みました。まだまだ社会の見る目は厳しく、保護者から批判されたことも。また自分自身もキャリアアップをあきらめなくちゃいけないかもしれないという恐怖も正直ありました。
育児休暇を取ってからも、育児ノイローゼになりかけたり、思うよう

に子育てがいかなくてイライラしたり。

やってみなくちゃわからない。大変なんですよね、育児って。

普段の生活でも、家事分担をどうするか、どちらが休みを取るのか等々で夫婦間が険悪になることもしばしば。そのイライラで子どもに当たってしまい、あとで深く自己嫌悪に陥ることも。仕事の都合で息子の小学校の運動会は結局一度も見に行けませんでした。

「お父さんも同じ仕事だから仕方がないよね、おれがんばってくるから！」

というけなげな言葉に胸が痛みました。痛んだからこそ、「普段早く帰って子どもと遊ぼう！」と思えたのかも知れません。そういう意味では「早く帰るための仕事術の開発」の一番の応援団はわが子でした。

また、子育て中はあきらめなくてはいけないことも多々あります。わが家は3人の子どもがいます。5歳ずつ離れているので、今もなおずっと子育て中です。

行きたい研修会や、魅力的な仕事や依頼等々。

仕事があるから、子育て中だから、時間がないから、と泣く泣くあきらめる、ということは一度や二度ではありませんでした。それもまた揉める原因になったり……。

でもボクが感じたことと同じようなこと、いやボク以上に悩み、苦しんでいたのはオクサンだと思います。

でも、そういうものだと思うのです。

なかなかうまくいかない、わかっちゃいるけどできない。

それを何とかしようと前に進むときに、ボクは成長してきました。

その時の苦しみに戻りたいとは決して思わないけれど、必要な苦しみだったとは今なら思えます。

それに向き合い続けたからこそ（時には逃げたけれど…）「ボクにとって幸せな働き方ってどういう働き方だろう」と考え、楽しみながら試行錯誤を続け、ちょっとずつ変えられたんじゃないかなあって思えるんです。

第2章

もっと仕事を効率化してみよう！

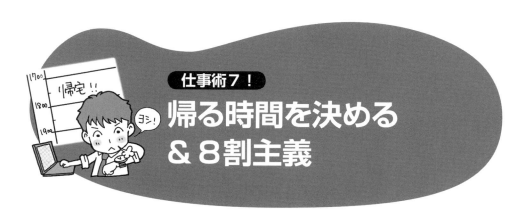

仕事術7！
帰る時間を決める ＆8割主義

　ボクにとって、一番効果のあった「仕事術」（と呼べるかわかりませんが…）は、「5時に帰ると決める」でした。「え？　いろいろ効率化の工夫をするから早く帰れるんでしょ？」という声が聞こえてきそうですが、ボクは逆だったのです。工夫を始める前に「帰る時間」を決めてしまったのです。

帰る時間を決めてしまう。その時間で仕事をする

　ボクの場合は、保育園のお迎え、学童のお迎えという物理的な制約で帰る時間を決めざるを得ませんでした。「5時に職場を出なくてはならない」のです。でもこれをポジティブにとらえなおしました。「勤務時間が終わったら帰る。その中で仕事が終わるように工夫する」と先にゴールを決めてからスタートしたのです。

　仕事が残っていても5時になると「お先に失礼します！」と飛び出します。最初の頃は、仕事が終わらず困ったことが多かったですが、毎日続くと、「5時に帰るためには〜」と逆算して仕事を効率的に終わらせようという意識が働き始めます。この意識改革がとても大切で、この意識が根っこになってくると、仕事の仕方が変わってきます。本書で紹介している小さな工夫の数々は、その意識の変化から生まれたものが多いのです。

決められた時間内で仕事をする→有能

　この意識の変化は、大げさにいうと、「仕事の仕方」自体の意識改革ともいえます。今までボクは、遅くまで仕事をしている人、カンペキをめざして時間をかけて仕事をしている人、手間暇をかけて仕事をしている人を有能だと思っていました。でもちょっと違うかもしれない。

　同じ仕事をするなら短い時間で終わらせるほうが有能です。その余った時間を自分の楽しみや大切な人のことに使えるわけですから。それは根性とか気合いといったものではなく、小さな工夫の積み重ね＝技術で何とかできることもあります。ということは、ボクを含めたみんなが「有能」になるチャンスがあるというわけです。あとは練習あるのみです。

8割主義でカンペキをめざさない

　とはいえ、たとえば授業準備などは、キリがない仕事ともいえます。時間をかけようと思えばいくらでもかけられる。だからボクたちの仕事はついつい残業、となってしまいがち。だから、ボクは「8割主義」にしました。カンペキ、100％をめざさないことにしたのです。発生した仕事は8割ぐらいできたらもうOK。あとはほかのことに時間を使おう。というスタンスです。0〜7、8割ぐらいまではかけた時間だけ進みますが、8割を10割にしようとすると莫大な時間がかかります。

　だからこそ、8割ぐらいできたらOK、というスタンスに決めました。学級通信もばばばーっと打って、8割ぐらいの出来でもうOK！もっと直そうと思えば文章を整えることもできるし、写真も選ぶこともできる。でもそこに時間は使わず、発行することを優先してこれでOK！　誤字脱字はチェックしてくれる管理職が見つけてくれるだろう、ぐらいでいくことにしました。これでボクはずいぶん気がラクになりました。

仕事術８！
残業デーを決める

　そうはいっても、どんなに工夫していても、やっぱり仕事はたまってしまうもの。
　ボクもさまざまな工夫をして何とか５時に帰ることを目標にしてやってきましたが、どうしても突然発生した仕事や、クラスでのトラブル等々で、予定していた仕事が終わらない、ということがたびたびありました。そこで思いついたのが「残業デー」。「ノー残業デー」ではありません。「残業デー」です。

オクサンの発案

　同業者であるオクサンも同じように「たまってしまう仕事」に悩んでいました。ある日の夕食の時、オクサンからこんな提案がありました。「２人とも毎日帰りが早くて、ご飯も家族で食べられるからそれはいいんだけど、どうしても仕事がたまっちゃってどうしようもなくなっちゃうんだよね。だからさ、週に１日ずつ「残業デー」をつくらない？　その日は何時までやってきてもOKにする。そうすればたまった仕事もそこで片付けられるでしょ？」
　「おお、これはいい提案だ」と思いました。**普段は残業せず、週に１日だけ「残業デー」にする。政府も真っ青（？）の大胆提案です。**

調整日があることで余裕が生まれる

　というわけで、ボクは水曜日、オクサンは木曜日を残業デーにしました。遅くまでかかる会議がありそうという予想が立つ週は、その日

を残業デーに。仕事術で工夫してきてもどうにもならなかった仕事を、一気に片付ける日です。「その日がバッファーとしてある！」というだけで、気持ちがずいぶんとラクになりました。

今までならほかの日に「ああ仕事が終わらなかった、でも帰らなくては…」と焦りながら帰るところも、「終わらなかったけど、残業デーに調整しよう！」と思ってスキップしながら（ウソです）帰れるように。調整日としての残業デーはボクにとってもオクサンにとっても、日常の余裕を生む抜群の機能を果たしました。

飲み会はその日に！

同僚や友人との飲み会も残業デーの日に合わせておけば、家族との時間を圧迫することもありません。「おし、残業をすませて飲みに行こう！」と思えるわけですから。

たとえばこの本もそうですが、本の原稿等を書くのもこの「残業デー」を利用しました。学校帰りに喫茶店に寄って一気に書きます。そのほかの週４回は、早くに帰って家族と過ごせる。こんなふうにメリハリのある生活をするための「残業デー」は本当にオススメです。でも、この仕事術もほかの日に「早く帰る！」を原則として崩さないからこそ、です。

いつ残る日にするのかは、学校の状況で

何曜日を残る日にするかは、学校事情によって異なります。たとえば学年会がある日を残る日、と決めておくと時間が延びても安心です。

この仕事術の成功の秘訣は、「たまった仕事を片付けるために残る日」以外はちゃんと帰ることです。決まった時間内でどうやって仕事をするか、その前提条件をつくって初めて、ボク達は工夫できるようになるのです。自分の楽しみやスキルアップのために、習い事やスポーツジムでのトレーニングなど早く帰る日の楽しみをつくると残業デーもがんばれます。

仕事術9！
学級通信は30分以内でできることを

　学級通信はボクにとって、とても大切な実践の一つ。でも反面とても時間がかかって、仕事時間を圧迫する原因にもなっていました。これを両立させるには？　そこでこれまであげてきた仕事術を組み合わせました。一つは8割主義。もう一つは「見積もり時間の設定」です。つまり「30分と時間を区切って、できるところまでのクオリティにする」です。

A4 1枚で写真入りでいい。フォーマットを決める

まず時間を節約するために以下の条件を決めました。
① **ほぼ週刊。**
② **Ａ４サイズの紙1〜2枚で書き方やフォーマットを決める。**
③ **写真を1枚入れてスペース確保。**
④ **フォントは大きめで余白もつくって読みやすく。**

　これなら30分でいけそうです。
　④は思わぬ効果を発揮しました。忙しい保護者にとっては「すぐ読める」ことが大切。写真と余白の多い通信はさっと読めて好評だったのです。

「継続して出す」ことをメインにしてカンペキをめざさない

　とにかく「ほぼ週刊」で出すことは自分に課しました。継続して出すことで、保護者も楽しみにしてくれるようになります。若い頃に保

護者に「先生、学級通信を出すだけでいい先生って保護者に思われますよ。子どもが話さないと学校のことを知るチャンスはないんです。ぜひ続けてくださいね」と言われたことが今も支えになっています。家庭と学校をつなぐチャンネルとして最低週1回。余裕があるときは数回出すときもありますが、これをずっと続けてきました。

　続けることでかかる時間もどんどん短くなります。タイマーが25分になったら文章は締めくくりに入ります。もっと修正したいと思ってもそこで読み直して30分たったらおしまい（あとは管理職に提出して誤字をチェックしてもらうという裏技で）。最初は30分でスタートしましたが、慣れてくると20分あればできるようになりました。継続は力、継続は効率化、です。

ボクの場合は「子どもへの朝の話」のイメージ

　ボクは短い時間で書くために後二つの工夫をしていました。

　一つは「教室でパソコンを開いておく」です。教室で「あ、このことは学級通信に載せたいな」と思ったら、休み時間にほんの1分、パソコンでばばっとメモをしてしまうのです。これが下書きになるので、後は放課後に整えればOK。

　もう一つは、「明日の朝の会で話したいこと」を書くことです。**明日の朝、子どもに何を話したいか。その原稿のつもりで通信を書きます。**次の日の朝はそれを読み聞かせします。こうやって読者をはっきりさせることで、ずいぶんと書きやすくなりました。

　50〜53ページにいくつかサンプルを載せておきます。一つは「フォーマットを決めておいてすぐできる版」、もう一つは「朝の話版」です。

学級通信の例　フォーマットを決めておいてすぐできる版

ポジティブなコミュニケーションを大事にしよう！	平成○年○月○日（○）
しあわせのバケツ通信	No 2　　○○小学校　5年1組

教室ビフォーアフター

今日の1枚

5年1組がスタートして3日目。まず最初の活動は、「教室リフォーム　ビフォーアフター」。
殺風景な教室を、みんなの力で、「学びやすく、使いやすく、居心地のいい教室に」リフォームする活動です。

みんなで知恵を絞り、とってもステキな教室になりました。（ボクの机周りだけはまだ散らかっていますが・・・・）
写真は本を整理しているところです。

保護者のみなさん、どんな教室になったか、明日の参観日をお楽しみに！

今日の「振り返りジャーナル」

今日はリフォームで、殺風景だった教室が、先生の本などをならべて、ミニ図書館などを作って、楽しい教室になってよかった。
本だらけだったゆかが、きちんとかたづいてホッとした。
気持ちのいい教室になりました！

5-1は、いい人が多いので、これから先が楽しみ。
早くみんなと友達になりたい！

今日のヒーロー・ヒロイン

みんな！

教室リフォームプロジェクトのとき、重たい荷物をみんなで汗を流しながら、一生懸命運んでくれました。お手伝いを頼むと10人以上が
「手伝います！」って来てくれました。
「今日は、荷物持ちすぎて、手が筋肉痛だー！」なんて人も。
「手伝うことありますか？」って声、ホントに嬉しいです。
ありがとう、みんな。

学級通信の例　朝の話版①

リーダーシップは地位ではなく、行動である　　　　　　　ドナルド・マクギャノン

自分も相手も大切にするサイコーのクラス　　　　　　平成○○年○月○日(○)

フル バリュー

No 74

○○市立△△小学校　年　組

リーダーシップを考える。

金曜日の道徳でやったプロジェクトアドベンチャーの『ワープスピード』。
リーダーシップとは何かを考えました。

リーダーシップってなんだろう。リーダーが発揮する力、のことですよね。
リーダーってそのグループの代表だったりするから、会社だと社長、学校だと校長先生。スポーツチームだとキャプテンや監督。みんなもリーダーをやることあるよね。

そのリーダーが発揮する力と考えると、ついついボク達は、
「みんなをひっぱる」とか、「指示する」とか思ってしまいがち。
でもね。違うとボクは思っています。

リーダーシップとは、**「チームにいい影響を与える行動」** のことだとボクは考えています。いくらみんなを引っ張ったり、指示したりしても、それがチームやメンバーにいい影響を与えていなかったら、それは「リーダーシップ」とはいいません。ただいばっているだけ、です。

チームにいい影響を与える行動。メンバーがやる気になったり、笑顔になるための行動。
それがリーダーシップです。このクラスにたくさんリーダーシップは生まれています。

それは例えば、

金曜日の○○さんみたいに、
「責めてもしょうがないよ。気持ち切り替えてやろう！」と仲間を励ますこと。
○さんのように、いつもクラスを明るくしてくれること。
○○くんのように、「わからないところある？」と優しく声をかけること。
○○くん、△△くんのように朝マラソンを黙々と走って、他の人たちにやる気を伝染させてくれていること。
○○さんのように相手の目を見て、じっくり話を聴くこと。
○○くんのように、黙々と掃除をすること。

「ありがとう」と声をかけること。にっこり笑って「おはよう！」ということ。
「大丈夫だよ」と励ますこと。
ただそばにいてあげること。

リーダーシップのつもりでも、メンバーにいい影響を与えていなかったらそれはリーダーシップではない。ボクもいいリーダーシップを発揮できるようになりたいなあと思います。

学級通信の例　朝の話版②

幸福とは今あるものに感謝できること。簡単なようで難しく、難しいようで簡単。（井上雅彦　漫画家）

自分も相手も大切にするサイコーのクラス

平成○○年○月○日（○）

No 37

言葉の力。

金曜日。　帰りに振り返りジャーナルを書いているときに校務員の○○さんが通りかかりましたよね。この日に完成した朝の会用のベンチがあったので、
「○○さん！このベンチ見てください」とお声がけしました。
「みんな、何か書いているんでしょ？邪魔になるからいいわよ」と○○さん。
「大丈夫でーす！是非見てくださーい！」と教室から声をかけてくれた人がいました。

その温かい一声に、○○さん、そっとのぞいてくれました。
「わあーすごい！　みんなが作ったの？」

「先生と一緒にみんなで作ったんです」
「せっかくだから入って座ってみてください」と声をかける５−１の人たち。
「おじゃまでしょうー」

「大丈夫です！」
「どうぞどうぞ！」
「すわってみてくださいー」

○○さん座ってくださいました。
「どうですか？」
「本当にステキな椅子！座り心地いいわよー！」
と○○さん。
ボクが、「○○さんって毎日、学校の掃除をしたり、
その草を刈ってくれたり、
玄関開けてくれたり、みんなのために学校の仕事してくれるんだよー」
と話すと、

実際は校務員さんの写真が入っています。

「知ってる知ってる！　いつもありがとうございますー！」と５−１の人たち。

このあと、○○さん、この学校に来て一番うれしい出来事だって、涙されていましたよね。
「是非いつでもまた来てくださいね」
なんて声をかけてくれる人もいました。

どうして○○さん、喜んでくれたんだろう？
みんなはどう思いますか？
ちょっと考えてみませんか？

裏へ続く。

ボクはこう思うのです。

1，言葉の力　笑顔の力

　みんなの温かい言葉、笑顔が、○○さんに届いたからじゃないかな？
　ボクたちって「ありがとう！」と感謝されたり、温かい言葉をかけられたり、笑顔を向けられると心があったかくなるでしょ？
　○○さんもそうだったと思うんです。言葉と笑顔って、心を温かくする力があるんだよね。
　5-1って、そういう温かい言葉が自然にたくさん出てくるじゃない？

「○○おはよー！」「ありがとう！」「いってきまーす！」「ただいまー！」「手伝おうか？」
「大丈夫？」「いいねー！」「すごい！」「さよーなら！」　などなど

　いつものように自然に○○さんとお話ししたことが、きっと○○さんの心に届いたんだね。

2，「はたらく」

　ボクたちが日々暮らしているのって、何となく自分の力のような気がしちゃうけど、いろんな人に支えられているんだよね。例えば学校では、校務員の○○さんや○○さん。給食の配膳員さん。事務の方々。みんなのために知らないところで一生懸命仕事をしてくれているから、ボクたちは毎日、幸せに暮らせています。それだけじゃないよね。例えば毎朝、校長先生、教頭先生、交通指導員さんの○○さん、地域の方々は、通学路に立って安全を見守ってくれています。
　感謝を伝えている？意外と忘れちゃうよね。
　でもそんな皆さんは、はたらいてくれています。**「はたらく」って言葉は「はた（まわり）」を「楽」にする**っていう意味なんだって。自分のまわりの人に幸せになってほしいから、人ははたらくのかもしれないね。（駒崎弘樹『働き方革命』　ちくま新書　より）
　ボクたちを楽に、幸せにするために働いてくれている人がいる。
　そして、そこへの感謝って忘れてしまいがちだけど、みんなが「ありがとうございます！」って○○さんに伝えたから、○○さん、うれしかったと思うんだ。そうかー、私の仕事は、○○小の子どもたちを幸せにしているんだーって。

　　　　　　　　　　　　　　　＊　　＊　　＊

人のために行動する。その人へ感謝し、また他の人のために行動する。
誰かに親切にする。親切にされた人は、他の人へ親切を広げていく。
そんな風になっていけば、きっと学校は、いや学校に限らず社会はステキになっていくと思います。

みんなは金曜日にその一歩を踏み出したんだよ。知らないうちにね。

言葉の力を大切に。感謝を大切に。そして、だれかのために「はたらくこと」を大切に。
今週も楽しい1週間にしようね！

ボクは、そんなステキなみんなの担任ができて本当に幸せです。
どうもありがとう。

仕事術10！ コメントは短い時間で

　ボクたちの仕事は、子どもたちのノートや作品にたくさんコメントを書く機会があります。これが結構時間のかかるもの。1人に2分かかると30人で60分。2種類あれば2時間コースです。周りには家に持ち帰って書いている先生もいました。苦労して書いて子どもたちに返すと、ちらっと一読しておしまい、なんてことも…。もっといい方法はないでしょうか？　ボクは「とにかく短い時間で」を原則にしています。

振り返りジャーナルのコメントは40人で20分

　たとえば、振り返りジャーナル（参考：『よくわかる学級ファシリテーション①　かかわりスキル編』解放出版社）。毎日帰りに書く子どもたちの振り返り日誌です。このノートを放課後に読むのがボクの楽しみの一つ。でもコメント書きに時間をかけると、毎日の放課後はこれしかできなくなります。そして仕事を家に持ち帰るか、遅くまで残って仕事をするという悪循環に陥ります。

　そこでボクは「40人で20分」を目安にしています。一人30秒。そんなことが可能でしょうか？　可能なんです。手順はこんな感じです。

①ジャーナルを書き終わった人から提出に来る

②その場でさっと読んで一言コメントする

さっとが大事です。ボクは書き出しと最後の数行をざっと目を通します。丁寧に読みたいところですが、それでは列ができてしまって、子どもたちを待たせてしまいます。「うんうん、そうだったよねー」「そっかー、そうだったのかー」など共感的な言葉を交わします。

③ **ハイタッチ！**
　まずこれで一人ひとりとの時間を設けます。帰りに全員と言葉を交わせる大切な時間。

④ **放課後、全体を読む**

⑤ **２〜３カ所に線を引いて短い共感的なコメント**
　「OK！」「いいね！」「なるほどー」「そっかー」「うんうん」など。これなら慣れれば20分でできるようになります。

大切なこと

　これを続けていて子どもたちから「返事を長く書いてくれない！」と不満が出たことは一度もありません。**むしろ、「一人ひとりを公平に見てくれる」と言われることのほうが多いです。**それはなぜでしょうか？

① **最初に確認しておく**
　ボクはジャーナル、家庭学習ノート等、「ふつう」にすると時間がかかってしまうものにはこのように説明しています。
　「振り返りジャーナルは、毎日丁寧に心を込めて読みます。ただ返事はあんまり書けません。1冊に3分かかると、全部にコメント書くのに2時間近くかかっちゃうんだ。ボクはその時間をみんなと話したり、遊んだり、楽しい授業の準備をしたりに使いたいと思っています。だからコメントが短くても許してね。その分、丁寧に心を込めて読みます」。最初に宣言するのが大切です。

②**読んだことを言葉でフィードバック**

　一人ひとりのジャーナルを毎日読むので、その子が考えていること、がんばっていることがわかってきます。休み時間や給食の時間、朝の時間などに、

　「ジャーナルに書いてあったけど、最近マラソンがんばってるんだって？　どれくらい走ってるの？」

　「野球の試合勝ったんだね、おめでとう！」

　「算数で○○さんに質問したんだね。最近積極的に質問していてステキだな！」

　「○○さんがね、あなたに感謝の言葉を書いてたよ〜」

　「なんか困ってることあるんだって？　相談に乗るよ。どうしたの？」

　と**普段のコミュニケーションのきっかけ**にします。

　そうすると、「ああ、先生ホントに丁寧に読んでくれているんだなー」ということが伝わりますし、何より子どもと先生をつなぐポジティブなチャンネルになります。

③**一度にたくさん書くと続けられなくなる。家庭学習ノートも同じ**

　学童のお迎えもあるし、晩ご飯もつくらなくちゃいけない。会議もあるし、授業の準備もしたいし、たまには休みたい。やらなくてはいけないことは山ほどあります。

　これにプラスして毎日何時間もコメントを書いていると続けられなくなってしまいます。最初のうちに張り切っていっぱい返事を書いていると、忙しくて書けない日に「先生最近手抜き」「ちゃんと書いてくれない」と不満になったりも…。日々がんばっているのにマイナスの効果がでたりするわけです。だからこそ、**最初に子どもたちにちゃんと確認しておきます**。

　ボクは家庭学習ノートも同じで、ハンコを押しておしまい。伝えたいことは、ノートを返すときに口頭で伝えます。

④口頭で伝えれば数秒

　家庭学習ノートを返すときに一言「最近がんばってるね！」「ノートの使い方をちょっとアドバイスしたいから後でちょっと来てね！」「今日のノートまとめには感動したよ！」「算数の計算、得意になってきたね」「理科、図を入れてわかりやすくまとめたね」等々。
口頭で伝えれば数秒です。

　子どもたちにはどのように伝わっているでしょうか。
意外や意外。「先生は、みんなに公平にコメントしてくれる」「みんなと公平に関わっている」と言われることが多いんです（もちろん失敗も多々ありますが…）
　コメントを書く時間をたくさんとるかわりに、直接言葉を交わす回数を増やす。

　時間も短くなり、コミュニケーションも深まり、まさに一石二鳥なんです。

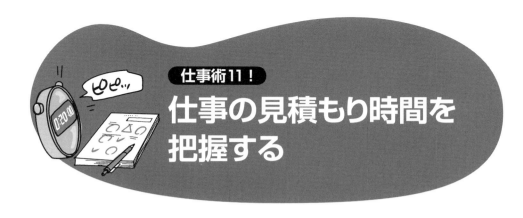

仕事術11！
仕事の見積もり時間を把握する

　仕事がたまってしまう原因の一つに「一つの仕事にどれくらいの時間がかかるかわからない」ということがあげられます。つまり仕事の見積もりができないということです。たとえば、テストの丸つけから成績処理ソフトへの記入までにおよそ何分かかるでしょうか。一つひとつの仕事の「見積もり時間」が正確に把握できるようになると、それだけで仕事の計画が立てやすくなります。

その時間にどれくらいかかっているか見積もりをつくる

　ある仕事を始めるときにタイマーで時間を計りましょう。たとえば先にあげたテストの丸つけ。スタートするときにタイマーをセットします。丸つけが終わったらその時間を記録。同じように一覧表等への記入も時間を計ります。そして、その結果を「仕事見積もり時間一覧表」として手帳などにまとめておきます。

　通知票の所見を書くのにかかる時間、総合的な学習の所見を書くのにかかる時間、学年便りをつくるのにかかる時間、要録の判を押すのにかかる時間、何でもとにかく時間を計って記録しておくのです。そうすることで、次にその仕事をするときに「おおよそ何分かかるか」がわかって計画が立てやすくなります。

その時間をどれくらい短くできるか工夫する

　ボクはその一覧ができたら次のチャレンジへと踏み出しました。それは、時間をどれくらい縮められるか、のタイムトライアルです。

１枚ずつ丸つけを完了していくのがいいのか、同じ問題をどんどん全部丸つけしていくほうが速いのか、ペンはどれが滑りがいいかと、まるでゲーム感覚でいろんな方略を試していきました。

　若い頃はテストの丸つけを当初はとても丁寧に（のんびりともいえる）やっていたので１時間ぐらいかかっていました。でもこのタイムトライアルを続けているうちに、２０分かからなくなったのです。実に３倍速です（どの方法が速いのかはぜひ試行錯誤してみてくださいね）。

タイマーを使って締め切り効果をめざす

　仕事を始めるときはタイマーを使う癖をつけるのもオススメです。「この仕事の見積もり時間は２５分だから…よし今日は２０分以内をめざそう」と自分で目標を設定してスタート。進むタイマーの数字がいい感じに自分を追い立ててくれます。人は締め切り前になると急に効率がアップするといわれているようですが（追い立てられるからですね…）、**この締め切り効果を使って仕事のテンポをあげていきます。**お手軽でオススメです。

早めに手をつけ始める

　たとえば通知票の全体所見。まとめて取り組むには仕事時間としても量としても大きすぎます。こういう大きな仕事は細かく分解します。

　たとえば５人分書いたら「通知票所見５人」が終了！　といった具合です。これくらいなら見積もり時間も２０分ぐらいに設定できるのでちょっとした隙間時間にも取り組むことができるようになります。

　さらにボクはこういう大きな仕事には「早めに取り組み始める」ようにしています。１学期なら所見は６月には下書きを始めます。ちょこっとでもやり始めておくこと、また短い時間にちょこっとずつ進めることで、余裕を持って終われるようになりました。

仕事術12！
チェックリストで学期末を乗り切る！

　仕事が一番忙しくなる学期末。たまったテスト、通知表、3学期には指導要録や学級編制等々、山積みの仕事に途方に暮れてしまいます。一生懸命やっているのに、仕事量の多さにうっかりやり忘れてしまったり…。何回も迎える学期末なのに、毎回バタバタしてしまう…。そこでボクは「学期末チェックリスト」を作成していました。

毎回繰り返す仕事はチェックリストにしてしまう

　たとえば、学期末の仕事。実は毎回同じような仕事なんですよね。でも毎回「何やらなければいけないんだっけ？」と思い出すところからでは効率も悪く、抜けもでてしまいます。そこでチェックリストをつくりました。ボクの場合は、まずボクが叩き台をつくり、学年の先生に見てもらって修正や付け足しをしてもらいました。

　完成したらA3サイズに拡大して、職員室の学年全員が見えるところに貼ります。

　チェックリストの仕事が一つ終わったら、終わったところにシールを貼っていきます。1組のボクは赤シール、2組の先生は黄色シール、といった具合に可視化します。これによってお互いの進捗状況もわかり、サポートもし合えます。「ああ、3月1週目までにここまでやっておけばいいんだな」「あ、ちょっと遅れてる！　急ごう！」なんてペースもつかみやすいです。

　また新たに発生した仕事はこの表に書き足していくことで、みんなで仕事を共有しながら進めることができるのです。最初は1学年で始

めたのですが、「これいいね！」とほかの学年にも広がっていきました。**仕事が可視化されることで安心して取り組めるようになるみたいです。**

考えずにこなしていける。絶えず更新していく

　１度つくってしまえば、次の時はちょこっと見直すだけでＯＫ！何年も繰り返し使え、使っているうちにどんどん質もアップします。

　同じように校務分掌の仕事もチェックリストにしてしまうと便利です。

　ボクは安全教育主任をやったことがあります。異動してすぐで前の主任は異動してしまって引き継ぎもない…。１年目は本当に大変でした。そこで初年度に、１年間の仕事を月別にチェックリストにしながら進めました。すると、次の年からはそれを見れば考えなくても仕事ができるようになりました。これがあると引き継ぎもラクチンです。

いろいろつくってみよう

　このチェックリストは学期末に限りません。学年始めの仕事チェックリスト、学級懇談会のチェックリスト、校務分掌のチェックリスト、家庭訪問のチェックリスト等々。いろいろつくってみましょう。力を発揮するのは次の年です。ビックリするぐらいラクチンになっていて、仕事の抜けも少なくなります。できたリストはぜひほかの人と共有しましょう。

　喜ばれますし、「○○の仕事もあるんじゃない？」とアドバイスをくれたりして一石二鳥です！

　繰り返しの仕事はチェックリストにして、みんなでシェアしましょう！

6学年チェックリスト例

月	行事	指導要録	通知表	総合（参観）	卒業関連	その他
2月1週	2〜 お弁当の日	□総合観点印押す □指導要録 特記事項確認		□私の構成要素書く □歌は各クラス毎日歌う □できればスピーチ原稿スタート	□花文字決める→○○先生へ □卒業生名前のプリント依頼（教頭先生へ） □卒業の言葉役割決める □6送会の歌練習	□アルバムいつ完成？ □自主学習プロジェクト □このチェックリストの確認（木）
2月2週	9 土曜日課 退職を祝う会	□全体所見下書き10人 □全体所見下書き10人 □指導要録特記事項記入	□誕生日記入 □修了証氏名記入	□スピーチ原稿作成開始 □3分原稿完成 □司会進行クラス2人	□卒業の言葉完成 □制服受け渡し確認	□△△さんへのお礼考える □写真200枚選ぶ □中学体験授業確認 □進学調査・アンケート回収
2月3週	16〜 18体験入学 クラブ見学	□全体所見記入10人 □全体所見記入10人 □全体所見記入9人	□所見下書き開始	□20秒バージョン完成 □リハーサル開始 □全体リハ（2回?） □保護者へ手紙書く □保護者会資料作成（岩瀬） □5年とミニバス打合せ	□お別れ式代表の言葉（組）	□自主学習5年と交換プロジェクト □アルバム集金封筒作成 □6年生を送る会代表（3組） □班長旗交換確認 □ダンボール箱のお願い（本片付け用） □中学体験カメラ持参（△△）
2月4週	23〜 授業参観日	□総合 所見下書き10人 □総合 所見下書き10人 □総合 所見下書き9人		□月 最終リハ □月 保護者会最終確認 □駅伝企画	□卒業生名簿作成 □ビデオ子どもと見る □練習計画作成（学年） □2日別れの言葉、歌リハ	□写真〆切（27日）→○○へ □学年使う □アルバム集金渡す □5日に見せる授業決める □時数足りるかチェック □中学向けの復習プリント印刷 □成績の基準確認

3月1週	2〜 6送会 卒業式練習 開始	□総合 所見記入 10人 □総合 所見記入 10人 □総合 所見記入 9人	□英語所見記入 □総合所見記入	□3分バージョン発表会 □5年とミニバス大会（？）	□4日 入場、着席リハ □5日 全部通す □6日 4〜6年で合わせる □7日（土）予備練習	□学級文庫整理して箱へ □卒業旅行パンフレット配布 □課題図書図書室へ □トランプ1人1つ用意
3月2週	9〜	□行動の記録、特別活動の記録押す □評定出す（確認） □評定印押す □校長印押す	□通知表所見記入開始 □生活印押す □担任印押す □職印押す □所見記入 10人 □所見記入 10人 □所見記入 9人	□駅伝実施！ □奉仕作業 □プロジェクトフィニッシュ！	□証書確認 □9日 2時間 証書も らう □10日 2時間全体通す（完成） □11日 4〜6年で合わせる □13日 予備練習日	□学年便り（岩瀬） □会計報告（　） □学級編成第1回 □DVD 完成（岩瀬） □DVDコピー（　）
3月3週	16〜 18予行	□出欠の記録記入 □完成	□出欠記入 □最終確認		□16日（月）細かい修正 □18日 予行 □19日 予行の修正 □20日 全体ラスト	□卒業旅行（へ）V □最後の学級通信
3月4週	23〜 お別れ式 卒業式 終了式	□要録コピー □要録中学へ持って行く □健康診断簿チェック	□通知表前日渡し		□23日 お別れ式 □24日 卒業式	□時数提出 □出欠統計提出 □経営案提出 □学年の電子ファイル整理 □学年のプリントファイリング □備品返却 □新年度提案資料作成 □教室掃除 □指導書図書室へ □職員室の棚整理

第2章 もっと仕事を効率化してみよう！

仕事術13！
会議を短くし、記録する

　早く帰れない大きな原因の一つが、会議の長さ。あまり意見が出ないのに長々と続いたり、同じ話が延々と続いたり…。会議が終わると外は真っ暗、体はぐったり、なんてことになりかねません。

　ボクたちは「会議はそんなもの」と思い込んでしまいがち。しかしそんなことはありません。会議は短く、そして元気が出るものに変えることができるはずです。

一番時間がとられるのが会議…

　放課後の時間で一番時間が長いのが会議。5時に帰ろうと思ったら、子どもが帰ってから1時間半しかありません。そこがすべて会議で埋まってしまう…みたいなこともよくありました。「朝会の時にどのように並ぶか」のような議題で1時間使った時は、目眩がして倒れそうでした…。

　普通の担任では、職員会議を改善するというのは権限もありませんし、テーマが大きすぎます。まずは「学年会を短くする」というテーマから始めました。

まずは学年会から改善。アジェンダ、議論の可視化、分担、記録に残す

　ボクがつくってみていた66ページの「学年会プリント」をまずご覧ください。

　会議にはこのようにプリントを用意しておきます。

アジェンダとは、今日の会議の時間割。今日話し合うことは何か。そして一つの議題にどれくらい時間を使うのかを書いておきます。会議の始めに「この見積もり時間でよいか」を確認して、「もっとかかりそう」「もっと短く終えられそう」など確認していました。

　そして会議の目標を書きました。これも最初に確認。「時間内に終えよう！」ということをとくに確認です。タイムキーパー（時間管理をする人）を決めておいてもいいですね。これもメンバーで「ほかに目標にしたいことない？」と聞いたりもしていました。
　そしてこのプリントを基に話し合いを進めていきます。
　話し合いは、90cm×60cmのホワイトボードに記録しながら行っていました。議論を可視化することで、堂々巡りが減ります（ホワイトボードを使った会議の方法は、『元気になる会議―ホワイトボード・ミーティングのすすめ方』（ちょんせいこ、解放出版社）をぜひご参照ください。元気になる会議の方法満載です）。
　最後に「次回の学年会の議題」を確認しておしまいです。出てきた議題から「だれが話し合いの提案の準備をしておくか」を確認しておくわけです。

時間を決めて時間内に終える。喜ばれるし、ボクもうれしい

　時間の見通しを確認しておいてから始めると、「何とかこの時間の中で終えよう！」という気持ちが芽生えてきました。「やばいあと5分！　急ごう！」とか、「今日はもっと早く終わらせるのを目標にしよう！」等々。「いつ終わるかわからない会議」はやる気をそぎますが、「がんばれば早く終わるとわかっている会議」はなぜかやる気が起きてきます。学年会が短く運営できるようになってきたら、次は研究推進委員会や校務分掌の委員会等々の改革にも取り組んでみましょう。ボクは校内研修の会議も同じようにプリントをつくって時間内に終える、を何より大切にしてきました。参考までにプリントを載せておきますね。「会議は改善できる」が伝わるとうれしいです。

学年会プリントの例

> 6年学年会
> # 幸せのバケツ通信
> ○年○月○日

いよいよ来週からスタート。楽しんで準備しましょう！

★今日の学年会のアジェンダ（時間割）
0．夏休みの報告　　　　　　1人3分×3人≒10分
1．今週の予定の確認……………………………… 5分
2．チェックリストの確認、担当を決める……… 10分
3．2学期の授業のアイデア発散………………… 30分（詳細は明日つめる）
4．次回の議題の確認

★今日の目標
1．時間内で必ず終える！
2．お菓子を食べながら楽しく！
3．思ったこと、わからないことはドンドン出し合う！
4．Yes, andを大切にする

1．今週の予定

日にち	行事	TODO
27日	職員会議 教育課程報告 学年会	□次ページのチェックリスト確認
28日	出勤日 ・学年で2学期のプラン作成	
29日	出勤日 ・各自2学期準備（学年会なし）	
30日	出勤日 午前　体育実技、課題研修 午後　岩瀬出張です	↓
31日	学年会？	
1日	おやこ除草　8：30	□8時半集合　担当は以下 ・○○　西側肋木、登り棒周辺、側溝 ・○○　バスケコート　農園 ・岩瀬　体育館裏

2．2学期スタートチェックリスト（　　）に担当入れる

- ☐1　学年便り作成者確認……………（　　）
- ☐2　教材注文（テスト、ドリル）……（　　）
- ☐3　会計者確認（2学期）……………（　　）
- ☐4　運動会練習計画確認
- ☐5　1週目予定確認
- ☐6　夏休み作品展の流れ確認
    - ☐　5日放課後までに各学年準備
    - ☐　保護者6、7、8日に来る
    - ☐　立体展示板は学級2枚
    - ☐　作品カードをつける
    - ☐　出品中のものは書いて掲示しておく
    - ☐　展示終了後、コメントを入れて返却
    - ☐　展示場所確認……………………（　　）
- ☐7　始業式の児童の言葉確認（2組　児童に連絡）……（　　）
- ☐8　修学旅行説明会準備（詳しくは31日の学年会で提案　提案者……岩瀬
    - ☐　自習をお願いする（○○先生、○○先生）
    - ☐　PP作成
    - ☐　プリント作成
    - ☐　集金方法確認
    - ☐　旅行会社に決定事項確認
    - ☐　31日に修学旅行打ち合わせ
    - ☐　実施計画作成→教頭に提出（フォーマットあり）
- ☐9　引き渡し訓練の流れ確認
- ☐10　2学期学習予定確認（大まかな流れをつかむ。教科書を読もう）
- ☐11　カーテンつける
- ☐12　100mのタイムとる日時を決める（リレーチーム作成）
- ☐13　2学期の主担当を決めましょう
    - 修学旅行　　　　　　　→
    - 卒業アルバム　　　　　→
    - 運動会、市内体育大会→

3．2学期の授業のアイデア発散（国語と社会を中心に）

4．次回の議題の確認

研究推進委員会用のレジュメの例

「研究推進委員会」レジュメ　　10月24日

〔本日の議題〕

1. 10月27日の研修でやること（25分）
2. 指導案の形式確認　　　（5分）
3. 授業公開の確認（公開の仕方、資料、ラブレターなど）（10分）
4. どうすれば、お互いのやっていることがすぐに見えるようになるか（20分）

〔本日のゴール〕

1. 27日の研修でやることのリストを出し合って、優先順位をつける
  →進め方、進める人、記録、等の役割分担も決める
2. 指導案の形式を決定
3. 全員授業公開の仕方を決め、見た人のコメントの用紙を作成する
4. オンタイムでお互いのやっていることを共有する方法を決める

〔本日の話し合いのルール〕

※「Yes、and」で発言することを意味する
（なるほどーいいですねー。あとこういった点はどうですか？）
（いいねー！　さらにこんなアイデアはどうだろう？）

---------- 切り取り線 ----------

〔今日の推進委員会の振り返り〕

○よかったこと

○改善点

○その他ご自由に

実際の進行例

プログラム

★意識すること
模造紙を使って、徹底的に見える化する。
場を工夫する。

〔必要なもの〕
模造紙、付箋、マジック
指導案例プリント、日程表

1. アイスブレーク
2. 議題、ゴールの確認。ルールの確認。時間配分の確認。
3. 1つめの議題「10月27日の研修でやることについて」
①ブレインストーミングでアイデアを出し合う
②付箋を貼っていく
③模造紙の上で分類
ぬけていることはないか？
④優先順位を付ける
⑤誰が進めるか。議事進行も決める
4. 2つめの議題「指導案の形式確認」
指導案例をもとに検討。決定
5. 3つめの議題「授業公開の確認（公開の仕方、資料、ラブレターなど）」
①全員の公開日をどう知らせるか
②指導案？　簡単な内容の紙？
③フィードバックの仕方
6. 4つめの議題「どうすれば、オンタイムでお互いのやっていることが見えるようになるか」
どんな方法が考えられるか、ブレインストーミングで、できるだけ突拍子もない方向で出し合う。それを元に収束していく。
7. ラップアップ（まとめ）
今日決まったこと、決まらなかったこと、次にやることの確認。役割、期限の確認。

話し合いの内容、決まったこと等はすべて模造紙に書いていって「見える化」する。全職員への報告にもつかえるし、記録にもなる。

この日の推進委員会では、
　○27日は「2月6日の発表とどうやりたいか決める」を話し合うことに決定
　○指導案形式の叩き台の決定。全体会で提案する
　○お互いの情報共有のために「ホワイトボード」を活用してみよう！　ということになる
　　（→このホワイトボードはこの後ずっと活用されることになりました）
ということが決まりました。時間はぴったり1時間で終了しました。

仕事術14！
学ぶ日・休む日を決める

　教員としてもっと成長したい。そう考えているボクは、週末になるといろいろな研修会に行きたくなります。前述のように若い頃は研修会やサークルに行きまくっていたボクですが、子どもも3人になり、さらに学校での役割も増えてきていて、なかなか行きづらくもなってきました。ボクばかりが行っていると、「私だって行きたいのに！」とオクサン。そりゃそうですよね。そのために「学ぶ日と休む日を予め決める」という作戦を思いつきました。

ついつい週末に予定を入れてしまいたくなるボク

　ボクはこの文章を書いている今も、週末に魅力的な講座があるとついつい行きたくなっちゃいます。気が付くと週末はすべて講座が入っていたり…。「またお父さんいないの‼」子どもに大不評を買いましたし、オクサンからも…。さらに週末のたびにでかけると、虚弱体質で定評のあるボクは疲れもたまって熱が出やすくなります（情けない…）。

　ありがたいことに講師の依頼もいただくようになって、これもやっぱりうれしいし、せっかく声をかけてくださったのだから、と次々に依頼を受けてしまった時期も。これもまったくもって昔と同じ結果を招いてしまいました。

休日にも「家族の日」と入れてしまう

　せっかく大切な人を大切にするために仕事の仕方を工夫してきたの

に、何だかおかしなことになってきました。そこで優先順位を改めて思い出すことにしました。具体的な作戦はこれ。

カレンダーに最初に「『家族の日』という予定」を入れてしまう

です。まず週末に「家族の日」と予定を書き入れてしまう。そこに依頼が来ても、魅力的な講座があっても、「あー残念。既に予定が入ってしまっている！」「申し訳ありません。そこは既に予定が入っていまして…」というスタンスにしたのです。

これ、かなり効果的でした。これによって週末に家で過ごすことが格段に増えました。ボクはついつい優先順位を間違えてしまって、家族をないがしろにしてしまいがちです。こんなボクだからこそ、「家族の日」という一番大切な予定を最初に入れる、という作戦は大切な方法だったのです。

学びに行くのは月1回など自分へのルールをつくる

もう一つのルールは、学びに行ったり講師を引き受けたりするのは月に1回まで、というものです。これもボクにとっては大切なルールでした。このルールは逆の作用もあり、「月に1回は積極的に学びに行こう！」というモチベーションにもなりました。それまでは「週末に悪いんだけど、この講座行っていいかなあ…」という後ろめたさ満載で家族に交渉していたのですが、家族の日＋月1回学びに行くルールで、わりと堂々と行けるようになったのです。

この二つのルールで、ビックリするぐらい家族とののんびりした時間が戻って来ました。家でゆっくり本を読んだり、映画を観に行ったり、みたいな「普通の週末」が戻って来て、エネルギーを上手にためられるようになってきたのです。

「家族の日」は「自分の日」でもいいなあと思います。**自分のための時間をまず『予定』にしてしまう。**ここからスタートしたいなあとボクは思っています。いかがでしょうか。

仕事術15！ 職員室で「雑談」をしよう

　仕事がたまってくると、職員室でもパソコンや書類に向かうことが増え、同僚や先輩と話すことが減ってしまいます。とくに「帰るまでの時間がない！」と思っているとなおさらです。でも、職員室での雑談って実は重要。ボクたちの知らない「仕事術」や工夫を知るチャンスです。

先輩にいろいろ相談する。相談されて嫌な人はいない

　ボクは若い頃から、職員室で、「わからないことはすぐ聞く」ことをモットーにしていました。「○○先生ー、この書類ってどう書いたらいいんですか？」「保護者からこんな連絡帳が来たんですけど、どんな返事をすればよいでしょうか」「エクセルってこういう時、どうやって操作すればいいんですか？」「あ！　会計ってこんなフォーマット使っているんですか。ボクにもください！」等々。とにかくすぐ聞く。**人って不思議なもので相談されて嫌な人っていないんですよね。**とても親切に教えてくれます。わからなかったらすぐ聞く。もちろんその後は「ありがとうございます。ホントに助かりました」とお礼を伝えます。

仲良くなることで仕事がしやすくなる

　こうやって日常のコミュニケーションが増えていくと、先生方と仲良くなっていきます。
　たとえばボクは学級通信を同僚に配るようにしていたので、それを

きっかけにコミュニケーションも生まれました。

「岩瀬さん、通信に書いてあった授業の資料もらえる？」「もちろんです！」

また、毎日出勤簿にハンコを押すのを忘れてしまうボク（内緒）に、先輩が「岩瀬さん、忘れないコツを教えてあげる。おはようございます！　と入ってきて荷物置いたら、ハンコ→昨日の出席簿→お茶のコップ持ってくるのようにコースを決めちゃうのよ」とアドバイスをくれたことも。こうやって自然に助け合う雰囲気ができてくると、ボクもみなさんも働きやすくなります。

ちなみに、ボクは子育ての相談も先輩お母さん先生にしていました。服のお古ももらえるようになりました（笑）。**「人に上手に頼る」。これが最大の仕事術かもしれません。**

校務員さんも大切な味方

ボクは校務員さんとも毎日おしゃべりしていました。大工仕事が得意な校務員さんには、教室に置きたい本棚を一緒につくっていただいたり、子どもたちの工作の相談に乗っていただいたり。保育園のお迎えに間に合わなくなりそうになってバタバタしていると、「岩瀬さん！コップとか片付けておいてあげるから、早く行ってあげな！」と送り出してくれることもありました。

職員室を温かい場に

ボクたちが一番「仕事がしやすい」と思える時って、職員室の雰囲気が温かい時、職員室の居心地がいい時です。そのためにはどうしたらよいか。管理職や同僚のグチをいくら言っても、職員室の雰囲気はよくなりません。自分にできることからスタートです。一番やりやすいことは、職員室でポジティブな雑談を増やすこと。そのための第一歩をボクは「質問して教えてもらってお礼を伝える」にしました。お互い困ったら聞き合えること、サポートし合えること、これが当たり前になってくると、仕事が格段にしやすくなっていきます。

仕事術16！
ネット断食の時間をもつ

　ボクは家族で毎年北海道キャンプに行きます。1週間ぐらい、一切メディアに触れないで家族と向き合う時間。ネットもメールも電話もなしです。どんなに工夫していても仕事に追われることも多い日常から離れて、自分のこと、人生のことをじっくり考える時間です。

ネット断食

　家ではどうしても仕事が気になったり、メールが来てしまったりで、じっくりと家族と向き合う時間が取れなかったりします。そこでたとえば、北海道キャンプのような「ネット断食の時間」が大切になります。焚き火をたいて、お茶やビールを飲みながらオクサンや子どもたちとじっくり対話します。これからどんなふうに生きていきたいのか、自分は何がしたいのか、相手にどうしてほしいと思っているのか。

　普段ではなかなかできない話、普段ならついついスマホをいじりながら聞いてしまう話も**「ネット断食」をしていれば、じっくりと相手に向き合えます**。他愛もないことで笑ったり、これからのことをじっくり考えたりというボクにとってかけがえのない時間です。この「ネット断食」を教えてくれたのは京都橘大学の池田修さんです。それ以来、毎年とるようにしています。

毎日やれる「ネット断食タイム」

　なにもキャンプというような大げさな時間でなくてもOKです。1日の最後にたった20分でも30分でも「ネット断食」して、仕事も

手放し、お茶を入れて家族でおしゃべりする。ちゃんと目を見て向き合う。子どもたちと遊ぶ。

　早く帰るための工夫を積み重ねることで、早く帰れることが増えてきました。仕事の持ち帰りも減ってきました。でも油断するとテレビをぼーっと見ている間に寝る時間に。そこでボクの家では、①**夕食はテレビを消し、今日の報告をしながら楽しく食べる。②8：30～9：00はお父さん(ボク)との遊びタイム**、というルールを設けていました（子どもが大きくなってきて変化しましたが）。

　子どもはこの時間をとても楽しみにしていて、戦いごっこをしたり、ボードゲームをしたり。そしてボクもこの時間に幸せを感じるようになりました。

そもそも「はたらく」って？　ボクはどんな人生を送りたいのか？　誰を大切にしたいのか？

　そのころ、駒崎弘樹さんの『働き方革命―あなたが今日から日本を変える方法』（ちくま新書）を手に取りました。その中に書かれていた「はたらくって？」という一節がボクの心に刺さりました。

　働くことは、「傍をラクにする」ということ。
　働くことは、周りに価値を与えるということ。

　そうだよな、ボクが働くってことは、周りをラクにするため、自分を含む周りを幸せにすることすべてなんだ。学校の仕事はもちろん、オクサンと仕事を分担すること、わが子と遊ぶこと、地域に出て地域の仕事をすること、そういう広いことなんだ。一人ひとりがそうやって社会へ、他者へ貢献していくことを大切にしていけば、きっとこの社会はみんな住みやすくなる。

　そのためにも自分から一歩を踏み出そう、そう思えるようになりました。将来のため、ではなくて「今ここ」の自分と周りの「幸せ」のために働く。肩の力を抜いてやれることから続けていこう。そう思いました。

仕事術17！
時には時間をゆるめる

　ついついボクたちの日常は時間に追われてしまっています。朝の支度から、仕事を終え帰ってきてから寝るまで、分刻みで追われていることもしばしば。仕事では、かけた時間が「お給料」になるので当然気は抜けません。この本も含め、世の中の仕事術の本は、「時間の効率化」が大きなテーマです。短い時間でいかに大きな成果を上げるか、というわけです。でも時には、「何かをしなければならない時間」「効率的にすべき時間」を手放してみてはどうでしょう？

隙間時間にも何かをしようとしてしまうボク

　かくいうボクも、隙間時間がもったいないと感じるタイプです。どこに行くにも本を持って行って、ちょっと時間が空くと勉強したり、スマホで仕事関連のメールの返信をしたり。何もすることがない時間＝悪・ムダと感じてしまいます。全部終わったらご褒美に温泉でゆっくりしよう！　なんて思ったりもしますが、その頃にはまた新しい仕事が発生していて、いつも「時間がない！」という日々。この「時間がない」は、「自分で自由に使える時間がない」ということです。

　ジョギングする時ですら、「この隙間時間の30分で走ってこよう！」なんて考える始末。時間に追われているのです。

「何もしない時間」

　結果、仕事が立て込んで体調を崩し、せっかくの自由時間が、「昼までひたすら寝る」みたいなことになるのもしばしば。ちょっと立ち

止まって考えてみましょう。

「何もしない時間」は無駄な時間なのでしょうか？

ボクは思い切って、時々「何もしない時間」を1日とるようにしています。仕事をしない。メールもしない。仕事関連の本も読まない。のーんびりお散歩したり、ジョギングしたり、子どもと遊んだり。時にはキャンプに行き、川をぼーっと眺めたり。いつもの倍以上かけてお料理を楽しんだり。徹底して時間を気にせずに過ごすのです。

そんな時間を過ごすと、**今まで見る余裕のなかった日常の色鮮やかさが浮かび上がってきます。**「家の周りの自然ってこんなにきれいだったのかー」「ああ、いつの間にか息子、しっかりしたなあ」「風が気持ちいい。秋が近づいているなあ」「お料理、のんびりやると楽しいなあ」

そして、時間に追われ、いや、追われていることにすら気付かないでがむしゃらに走り続けている自分をちょっと振り返るのです。

もっと、自分のために時間使ってもいいよなあ。もっと自分の家族のために時間を使おう。

のんびりする時間、時間に追われない時間は、なにも老後のためにまとめて取っておく必要はありません。

時々思い切って時間をゆるめてみましょう。何もしない日、を1日取ってみましょう。「風邪を引いて寝込んだ」ということにしてしまえば、思い切って1日取れますよ。

そしてその時間、徹底的にのんびりしてみましょう。外に出てみましょう。のんびり日常を過ごしましょう。大切な人と過ごしましょう。

そこで得たエネルギーはきっと、明日からの「おし、仕事がんばるか！」のエネルギーになるはずです。

妻からの岩瀬家レポート：わが家のモットー「みんなで仕事をして、みんなで楽しもう！」

　はじめまして。私は岩瀬の「オクサン」こと岩瀬さやかです。私たちは、学生時代から学ぶことが好きでした。2人ともキャンプリーダーをやっていたので、競うようにキャンプ技術の講習会に参加したり、その内容についてわいわい話したり…。仕事を始めてからもやりたいことに溢れていました。結婚した当初は、それも可能でした。

　ところが、出産し育休復帰すると、時間が全くありません。子どももかわいい、夫の仕事も応援したい、でも自分ももっと仕事がしたい！

　たくさんのバトルを経て、我が家のモットー「みんなで仕事をして、みんなで楽しもう！」が生まれました。

●お手伝いではなく、仕事

　わが家では、様々な家事をお手伝いではなく「仕事」と呼んでいます。だれかに言われたからやるのではなく、その人が主体になってほしいからです。これは1人目育休のとき、夫が「やってあげている」モードのため、私もイライラして何度もバトルになった経験がもとになっています。

　2人目の育休を夫がとり、夫の意識はぐーんと変わっていきました。（そのために育休を薦めたのもあります）夫自身が家事や育児の主体になると、工夫をしたり、汚さないように気を付けたり、「ありがとう」が自然に出たりするようになるんですよね。これは子どもたち3人も同じ。

　仕事をしていてもしていなくても、みんなが気持ちよく家で過ごすには、全員に責任があり、一人ひとりが考えて動き、困っていたらサポートは全員でする。それが、結局は家族をみんなで一緒につくっていくことになるのかなと思っています。

　とはいえ、子どもたちのの本音は、もちろんいやなはず…笑。だか

ら、小さなしかけを準備。「磁石をうらがえすボード」をつくって達成感を持てるようにしたり、休前日の「のんびりタイム」で思い切りだらだら起きていてもOKの日をつくったり、親を独り占めできる「保育園・小学校・高校卒業時の２人旅」などなど。そして、どんな小さな仕事でも「ありがとう！助かったよ」を必ず伝えるようにしています。

●やっぱりキャンプ

学生時代の「キャンプリーダー」をきっかけに続いているキャンプ。これも我が家の大切な時間です。テントをたてごはんを作ることで、みんな自然と関わり、何もないことで、とことん家族でおしゃべりし遊びつくします。

年齢も性別もバラバラなわが子たちの共通の趣味であり、大好きな時間。家族で過ごすキャンプの時間、これからも大切にしていきたいです。

●本音を言うと……

この本を読むと、仕事も子育ても家事もとてもうまく回っているように見えるかもしれません。実際はどうかというと…うまくいったり、いかなかったりです（笑）。みなさんと同じです。試行錯誤の中、うまくいくようになったことがまとめてあると思ってくださいね。

もともと家事が苦手な私…家事や子育てのあれこれに煮詰まって話し合いを持ちかけるのは、だいたい私からです。（お恥ずかしい…）最初は話し合いさえ、うまくいきませんでした。でも、いい関係でいることをあきらめたくなかったし、仕事ももっとやりたかったので、やるしかありませんでした。

バトルも数え切れないほどあります。でも、話し合っていく中で毎回なんとか「いい加減」の案がうかぶものです。そして、しばらくうまく回り、また新しい場面を迎え…の繰り返しで、この本にあるような形になっていきました。

そうは言っても、打ち合わせが続いたり、遠方での講演が続いたりすると、学童のお迎えも、夕食も、洗濯も、寝かしつけも、習い事の送迎も、子どもの「どこか遊びに行きたい！」もすべて一人で対応することになり、さらに仕事も終わらずいらいらしてきます。
　不満はためずに爆発する前に言葉にすること。子どもたちも大きくなってサポートしてくれること。あとは、やはり夫のことをすごいなーと尊敬しているので、何とか乗り切っている感じです。

●わが家の日常を見たら、きっとホッとしますよ！

　洗濯物は何とか1日分すませ（なんせ5人。ためられない）、掃除は週末のみ。夕食は宅配食材で娘と調理し、みんなが帰宅したらワイワイ食べて。
　「弁当箱出してないから洗わないよ〜自分で洗ってねー！」
　「くつした脱ぎっぱなしにしない！」何て声もとびかっています。玄関には何人家族かわからない量の靴がばらばらと…。困った部分には目をつぶりながら生活しています。思いあまった夫が、出勤前に掃除機をかけてくれて感謝感謝。←つまり、こちらが日々の生活です。だから、こんな本が出てしまうなんて…本当に気恥ずかしい…

　2人家族から今では5人家族になり、そのたびに変わってきた生活。そして子どもたちが保育園・小学校・中学校・高校・大学とステージが変わることや、仕事が変わることでの変化。これからも、自分たちらしい形をみつけていくしかないなあと思っています。

第3章

先生として成長しながら、日常を大切にするために

教師として成長する上手な学び方

　ここまでボクが工夫してきたさまざまな仕事術をご紹介してきました。いずれも必要に迫られて開発してきたものですが、効率化をいくら進めてもどこかで頭打ちになります。

　たとえば一番時間のかかる、「授業の準備」。この力をつけていくためには、ボクたちは先生として成長をし続けていく必要があります。先生としての力量が上がっていくことで、結果として短い時間で仕事ができるようになっていきます。

1時間ごとではなく、単元ごとに授業準備ができるように

　「明日の5時間分の授業の準備をしなくちゃ…」授業の準備はやはり時間のかかってしまうもの。指導書をぺらぺらとめくりながら、「えっと今日はどこまでいったんだっけ？」「明日はこれを発問にして、板書は…」「あ、プリントつくらなくちゃ…今日も帰れないなあ」。

　帰るのが遅くなってしまう大きな原因になってしまいます。

　でもこの時間はボクらにとってとても大切な時間。ではどうすればよいでしょうか。ここで発想の転換が必要になります。それは、「1時間ごとではなく、単元ごとに授業準備をする」ということです。たとえば算数の8時間の単元だったら、8時間分の準備を1回でやってしまう。プリントやワークシートもまとめて用意してしまう。そうすれば残り7日は準備をしないですみます。

　学年の先生と分担して準備できたらなおいいですよね。たとえばボクは84ページのように、子どもたちと単元の見通しを共有するよう

にしています。子どもたちも次何をやればいいかわかるのでオススメです。

本を読もう。学ぼう。自分に投資しよう

とはいえ、この単元プリントだけでは「どうやってつくればいいのかな？」「子どもとどうやって共有すればいいの？」
と疑問だらけですよね。本書では紙面の都合で残念ながら詳しく説明することができません。以下の本を参考にしてみてください。

『よくわかる学級ファシリテーション』シリーズ①②③
（岩瀬直樹・ちょんせいこ、解放出版社）

どうやって授業をデザインしたらよいか。本を読み学んで実践していくことで、少しずつ授業準備にかかる時間が減ってきます。
「今すぐは役に立たないかもしれないけれど、ちょっと先の自分のために時間を投資する」というイメージです。**即効性ばかり求めずじっくり本を読んで１年実践してください**。授業準備の時間がずいぶん減ること間違いなしです。ボクはかかる時間が半分以下に減りました。
上記の本の提案は、子どもたちが活躍する授業です。結果として子どもたちは学びを楽しみ、先生のやることも減り、学級の雰囲気もよくなって、トラブルも減る、といい循環が起きます。
ボクたち教員が学び続けること、成長し続けること。何より学ぶことを楽しみ続けること。
それが日々のゆとりと楽しみを生み出してくれるようになります。

子どもと単元の進め方を共有するプリント

電磁石のヒミツを探せ！
「電磁石プロジェクト」

| わたしの目標点 | | クラスの目標平均点 | |

| 1時間の進め方 | ①予想→②実験方法の相談→③先生にプレゼンテーション→④実験→⑤結果（事実）を記入→⑥推測、新たな疑問を書く。 |

	時間	ページ	今日のゴール	自己評価
①			「磁石で知っていると思うこと」、「電気で知っていると思うこと」、「電磁石で知っていると思うこと」を出し合い、「わからないこと、知りたいこと、疑問」を出し合って授業の流れをみんなで決める。	
②		102～103	電磁石をつくり「電磁石の極の位置はどこか」、「電磁石にもN極ーS極があるのか？」をチームごとに実験する。	
③			「電気を通すもの通さないもの」「磁石につくものつかないもの」を実験で確かめる。	
④⑤			「電磁石にN極、S極があるとしたら、その極を入れ替えることができるか？」を実験で調べる。	
		106P 108P	「鉄心を他のものに変えても、電磁石になるのか？」を実験で調べる。	
⑥		106P 108P	電流計、電源装置の使い方をマスターする。	
⑦⑧		105～109	「電磁石はコイルの巻数を増やすと、磁力が強くなるのか？」を実験で調べる。 〜同じにする条件に気をつけて実験する〜	
			「電磁石は電流を強くすると、磁力が強くなるのか？」を実験で調べる。 〜同じにする条件に気をつけて実験する〜	
⑨			サッカーロボをつくって遊ぼう！	
⑩			第3回ノートまとめ選手権。学習したことをノートにまとめる（最初から丁寧に書いていこう！）	

		↓みんなから出た「疑問」。 調べたい人は是非どうぞ!!	
	チャレンジ！	①鳥はなぜ感電しないの？	
		②電磁石が使われているものには、どんなものがあるか？	
		③磁石、電磁石の歴史。発見した人はだれ？	
		④磁石にはなぜくっつく？ N－N,N-Sはなぜ反発し合う？ 磁力って何？（磁力、磁界について調べる）	
11		電磁石　テスト	

　　　　　　　　キーワード　　　　コイル、電磁石、エナメル線、電流計、電源装置、回路

※表の一番左の丸数字が授業時間数で、これは全部で11時間かける単元のプリントです。
　単元ごとに進め方を子どもたちと共有しています。

1年に一つ
引き出しを増やす

焦って不安で次々に試してませんか？

　先生として力をつけたい！　と思うと、さまざまな情報が気になります。本も気になる、講座も気になる。

　そしてついつい週末すべてを使って講座に参加したり、学習サークルに参加したり、ネットで情報を集めたり。自分の知らないことがあると不安。友人が参加している講座に行かないと遅れをとるのではないかと不安…ボクが陥ったワナ。

　「たくさんの情報を集める」ことがいい先生になる近道だと思っていました。

　新しい実践方法を講座で体験したり、本を読んだりした時。

　「これだ！　よしやってみよう！」と教室に持ち込んでみるわけです。

　持ち込んだ先生はもちろん「やる気十分！」ですし、子どもたちにとっても「目新しい」。

　しかも先生の目がランランと輝いていて、なんだか影響されます。そして両者のやる気が相互作用して授業が盛り上がります。持ち込んだ先生も、「おお、これはいける！」と思う。でも、1週間経ち、2週間経ち…と時間が経つと、「何だか最初の頃の盛り上がりがない。あれ…最初はあんなに盛り上がっていい感じだったのになあ」と。

　誰より先生が焦るわけです。「えーまたやるの？」と声をあげているのはほんの1人かもしれないのに、それが全員の声に聞こえてしま

う。

　やり方が悪いのかなあ。あんまり価値のある方法じゃなかったのかなあ。いや、そもそもこれって自分に合ってなかったのかな…。

　その頃、また新たなＢという方法を講座で体験したり、本で読んだりして「ああ、これだ！　これだったんだ！」と思います。こないだやり始めたＡという方法では、子どもたちも何だかやる気がなくなってきたみたいだし、力になってる気がしない。やっぱりＡじゃなくてＢだったんだ。今度は、Ｂを教室に持ち込んでみるわけです。

　結果、実践はパッチワークのようになります。全部ちょっとずつだから、子どもの力にも、先生の力にもあんまりなっていない。それぞれの方法は共通の「教育観」や「価値観」で統合されているわけではなく、まさにパッチワークです。

あわてずに１年に一つずつで

　あわてずいきましょう。

　１年に一つ。集中してじっくり学び実践する。１年に一つ引き出しを増やす。それくらいのんびりがいいと思います。ボクはそうやって引き出しを増やしてきました。１年だと一つですが、５年経つと五つの引き出しになります。１年かけてじっくりじっくり学んだことは、しっかりとした自分の核になります。

　次々にいろいろやってみることを「勉強熱心」と思っちゃいけないと、ボクは自分に言い聞かせています。

　じっくりじっくり、ゆっくりゆっくりいきましょう！

　大切だと思うことを大切にしながらじっくりゆっくり。

教室は子どもたちとつくる！

　ボクたちは、「子どもたちのために、いろいろやってあげるのが先生の仕事」と思いがちです。これはわりと根強いです。新学期、先生が、教室のロッカーに一人ひとりの「名前シール」を貼ります。下駄箱にも名前シールを。掲示物を貼るのも先生が丁寧に丁寧に。
　でも、これって本当に「いいこと」で「いい先生」なのでしょうか？
　「自分がやらなくても自分の周りの環境は自動的に整っていく」、「やってもらうのが当たり前」というメッセージになってしまっていないでしょうか？

ボクたちの仕事は何か？

　本来のボクたちの仕事は何か？　その一つは、**子ども自身が、「自分でやりたいと思ったことを自分でやれるようになること」「自分の環境を自分でよりよくしていけるようになること」**ではないかなあと思います。
　「せんせー、ロッカーに名前シールが貼ってありませんー」
　「ほんとだねー」
　「誰がどこに入れるかわかりません」
　「そっかー、それは困ったねー。で、どうしたい？」
　「名前シール貼りたい」「お！　いいアイデア。どうぞどうぞ。そこにシールもあるし、名前の印もあるよー。あっちのテプラもあるから使ってもいいよー。説明書も入ってるから読んで使ってみてねー」
　ボクは毎年これで何の問題もなくスタートです。

そうして、自分たちで教室をつくっていく。自分たちでやれること、やりたいことは自分たちでやる。
　ちゃんとそこを手渡す。そのことで子どもたちは、
「自分の周りは自分が行動することでよりよくなる」
　ということを学べるんじゃないかなあ。何より、教室が自分たちでつくる居場所、になります。

結果、先生はラクになる！

　そのことで結果として先生の仕事はずいぶんラクになるし、それは「手抜き」ではなく、いいことなんじゃないかと思います。
　そういう意味では「先生がラクになればなるほど、子どもたちは自立している」といえるかもしれません。
　これはきっと子育てにもいえて、あれこれ親がやってあげることよりも、子どもが自分でやるのをさりげなく応援する。
　そこに失敗があっても、クオリティが低くてもがまんがまん。
　試行錯誤の末に、人の力はどんどん発揮されていくはずです。
　次のページで子どもたちの工夫を紹介します！

おお、これはいいアイデア！　下のキャップをあけると、粉が掃除できるらしい。

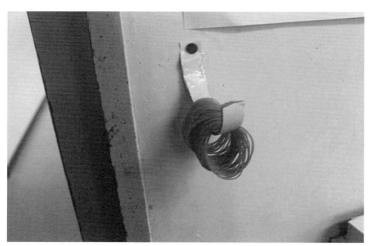

セロテープの芯をリサイクル。こういうのいいなあ！

毎日の日付。
なんかおしゃれ！

もはや何も言いますまい。100均の布とパンツのゴムで。

　自分たちが学びやすい環境を自分たちで試行錯誤していきます。「教室リフォームプロジェクト」です（詳しくは拙著『クラスづくりの極意―ぼくら、先生なしでも大丈夫だよ』（農文協）参照）。

　「やってあげる」から「自分でやってみる」へ。それを見守ったり、ちょこっとお手伝いしたり、環境だけ用意しておいたり。

　自分たちでやるのが当たり前になると、参観日の前の日は「明日はお客さんが来るから自分たちできれいにしよう！」、夏休みの作品の展示も「お客さんが喜ぶように展示してね！」でOK。自分たちであれこれやってくれて、先生はいい意味でラクチンです。

　あ、一番大切なことは「一緒に楽しむ！」。結局、「子どもはどんなことするだろうー！」とワクワク、一番楽しみにしていたのはボクだったりするんですよね。

保護者とポジティブにつながろう

　ボクたちにとって、保護者とどのような関係を築くかというのは重要なテーマです。「いい関係を築きたい」。これは先生、保護者に共通する願いのはず。ではどうすればよいのでしょうか？

どんな時、連絡をとっていますか？

　いい関係を築くには、関係を築くきっかけが必要です。ではどんな時にボクたちは保護者と連絡を取っているでしょうか。たとえば保護者に連絡を取る時はどんな場面でしょう。一番多いのが「トラブルが起きた時」。友だち同士のけんかやけが。または忘れ物が続いている時の連絡等々。基本的にネガティブな情報を伝えなくてはいけない時に、ボクたちは保護者に、連絡を取ることが圧倒的に多いようです。

　考えてみると、わが子の学校から連絡が来る時も残念ながら何かトラブルがあった時…。ネガティブな情報のやりとりの時に、先生と保護者の間でいい関係を築くというのはかなり難しいことです。

まずはポジティブな情報でつながろう！

　ではどうすればよいでしょうか？　それは「まずポジティブな情報でつながる」ことです。

その①　1日2電話作戦

　たとえば教室でステキなことを目撃したり、ある子ががんばっているシーンを見つけたりした時。放課後にその子の家にお電話します。「もしもし、○○くんのお母さんですか？　○○君の担任の岩瀬です。

いつもお世話になっております。今よろしいですか？」「…はい」学校からの電話。何かトラブルがあったに違いないという警戒心に満ちた返答です。

「実は今日○○君のことでとってもステキなことがあったので、どうしてもお伝えしたくてお電話したんです。今日〜」とポジティブな情報をお伝えします。思いがけず子どものいいところの連絡がきた保護者。とてもうれしい反応が返ってきます。「先生ありがとうございます！　いやー何かやらかしたのかと思いましたよ」「ぜひ今日の夕食で話題にしてくださいね。これからもよろしくお願いします！」

こんな連絡を1日2件だけ。時間は10分。1ヵ月でほぼ全部の家庭に連絡ができます。これだけでポジティブなチャンネルが生まれます。

その②　一筆箋

「電話は苦手。つながるかわからないし…」という方には一筆箋がオススメです。子どもたちの日常のポジティブな様子を文章にして、お手紙として保護者に届けます。

「○○さーん、連絡帳もってきてー」「どうして？」「○○さんのステキなところを伝えたくてお手紙書いたんだ。貼っておくからおうちで渡してね」「えーー！」でもちょっとうれしそう。これも1日2人をめざします。大切なのは公平性。名簿を用意して全員に行き渡るようにしましょう。なかなか書けない子がでたらチャンス。普段自分が意識していない子がわかるということです。続けているうちに、ボクたち自身の「いいところを見つけるアンテナ」が磨かれていきます。

まずポジティブな情報で関係をつくる。トラブルが起きた時も、「わが子のいいところを見てくれている先生」としてスタートしているので、ちょっと連絡がしやすくなります。1日10分の時間の投資で、子どもとも保護者ともいい関係ができ、自身の「いいことアンテナ」も磨かれる。何か起きてからよりも、何かが起きる前の日常を大切にしたいなあと思います。

保護者との付き合いで大事ないいことアンテナ

　ボクたちの頭の上には、「いいことアンテナ」と「悪いことアンテナ」が立っています。

　「いいことアンテナ」は、自分の周りにあるいいことをキャッチするアンテナ。周りの人のいいところやいい行動、周りの人への感謝などをキャッチします。学校の先生にとってこの「いいことアンテナ」は、クラスのいいところ、一人ひとりのいいところ、いい行動、成長、進歩など「プラスの情報をキャッチするアンテナ」です。

　反対に「悪いことアンテナ」は「マイナスの情報をキャッチするアンテナ」。周りの人の欠点や失敗、よくない行動、気になる言動、等をキャッチします。

いいことアンテナ＞悪いことアンテナ

　ボクの場合、かつては「悪いことアンテナ」の性能が圧倒的に高く、マイナス情報の電波ばかりキャッチしてしまっていました。

　「悪いことアンテナ」でとらえた電波は、自分の中に「不快」を生みます。それが気になって、その「不快」を解消したくて、クラスの子どもを責めたり、怒ったりして、何とかその「不快」を取り除こうとしちゃうんです。他人のせいにしちゃう。

　困ったことに、アンテナは使えば使うほど性能がアップし、微弱な電波もキャッチしちゃうんです。そして悪い循環が生まれてしまいがちでした。

　このままじゃいかん。そう思って、ここ数年、意識して「いいこと

アンテナ」の性能アップに努めています。プラスの情報は、どんな微弱な電波でも拾えるように心がけています。そうするとうれしいことにどんな微弱な電波もキャッチできるようになってくるんです。性能がアップしてきたなあと、ようやく実感できるようになってきました。

「いいことアンテナ」で拾った電波は、自分の中に「快」を生みます。「快」なので、それだけで笑顔でいられます。

「いいこと」って実は特別なことじゃないんです。「当たり前にできていること」。教室にはそれがたくさんあるはず。その中にステキがあふれているはず。

いいこと循環が生まれる

キャッチできたことを、それだけで終わりにしてしまうのはもったいない。**大切なことは、そのキャッチした電波を、きちんと「放送」することだなあとも思っています。**放送とはもちろん比喩で、うれしさや感謝を伝えたり、事実をそのままフィードバックしたり、時にはお手紙や学級通信で伝えたり。

そうしたら、なんと自然に子どもたちの「いいことアンテナ」の性能もアップしだしました。お互いのいいところを見つけるのが上手くなってくるんです。不思議なぐらいいい循環が生まれてくるんです。

まずはボクの「いいことアンテナ」を磨くこと。そして、そのプラス情報を積極的にシェアすること。そんなことを意識して日々過ごすようにしています。

もちろん時には、「悪いことアンテナ」がにょきにょきと伸びてきてしまうのですが…。

これは何も学校に限りません。家でわが子に対しても、オクサンに対しても意識しなくちゃ。わが子に対してはついつい「悪いことアンテナ」が優勢で…。

結局、まず変わるのはボクからなんだなあと実感する毎日です。

堂々と手抜きをしよう

　仕事を続けていく上で、家事の負担はバカになりません。へとへとで帰ってきて、山のような家事があるとそれだけで心が冷えていきます。学校での仕事を効率化するなら、家での仕事も効率化！　ボクの家庭では堂々と「手抜き」することにしています。

お金で解決できることはお金で解決

　家事をお金で解決？　これはとてもシンプルで力強い解決策です。たとえば食器洗い。わが家は迷わず「食洗機」を導入しました。家族5人分の食器の量は驚くほど多い。少し高くても大きくて洗浄力の強い食洗機がオススメです。しかも、「食べ終わった人は自分で食洗機にセットする」というルールにすることで、大人の仕事は最後に洗剤を入れてスイッチオンするだけ。とてもラクチンです。

　夕食づくり。この買い物が意外と時間のかかるもの。そこでわが家では長いこと「食材宅配サービス」を活用しています。毎日メニューを考える手間と買い物の手間が省けて本当に便利。レシピもついてくるので、家に帰って30分でほっかほかのおかずの出来上がりです。今の宅配サービスは質も高くておいしい。いろいろなメニューを楽しむことができます。ちょっと割高かもしれませんが、時間を生み出していることを考えると安いものです。子どもたちが自分でつくれるメリットもあります。

　アイロンは、ハンガーに掛けたままでしわがとれるスチーマーを購入して、アイロンをかけたい人が使うことにしています。「アイロン

があるのにもったいない」と思ったのですが、スチーマーを買うと気楽にアイロンがかけられるようになり、今までのように「あーやらなくちゃ…」という気の重さが消え、精神衛生上もとてもいいです。

次は全自動ロボット掃除機がほしいのですが…これはまだ家族会議でOKがでていません（笑）。

洗濯物たたまない作戦

洗濯物たたみも時間のかかるもの。これはたくさんのハンガーと、大きめの洋服収納を購入して、「干したものをハンガーのまま、それぞれの洋服収納にかけておく」作戦にしました。これも便利。5分もあれば5人分の洋服がそれぞれの場所におさまります。

もう疲れたー、晩ご飯つくる気力なし〜という日は、お刺身を買って帰る。時にはインスタントのスープでも勘弁勘弁。手が抜けることは徹底して抜いています。

罪悪感を捨てよう

ボクたちはこのような「効率化」を手抜きととらえて、罪悪感を感じてしまいがちです。でも上手に手抜きすることで、時間的にも精神的にも余裕が生まれ、家で笑顔でいられる時間が増えます。

手抜きせずがんばり続けて、疲れ果ててイライラするよりずっといいなあと思うのですがいかがでしょうか？　買い物も、最近ではインターネットの通販サイトで定期的に飲み物等を送ってくれるサービスもあります。これらも賢く使うことで買い物の負担が減ります。

地域の子育てサポートサービスなどでは、買い物代行や子どもの習い事の送迎をしてくれたり、お庭のお手入れをしてくれたり。これからもさまざまな家電や、サービスが現れてくるでしょう。

普段がんばっているのです。それらを上手に活用して、日常に余裕を取り戻したいなあと思っています。一緒に堂々と手抜き（効率化！）しましょう。そもそもこんなにたくさんの家事を仕事をしながら全部カンペキにするのは、ボクにはムリ…。いい意味で自分への期待値を

下げましょう！ 「がんばらない自分」にOKを出したいなあと思います。「そんなにがんばらなくてもいいよ、自分！ そもそも仕事も家のことも両方やってる時点ですごいんだから」ってボクは自分に言ってあげています。
　ああ、それにしても「全自動ロボット掃除機」ほしいなあ…。

わが家の家事分担ルール

　これを披露するのはかなり恥ずかしいですが、本邦初公開。わが家の家事分担ルールをこっそりご紹介します。学校の仕事同様、家の仕事も一人で（または大人が）抱え込まず、みんなで分担して、「みんなで過ごしやすくする」を大切にしています。ボクのオクサンはこの計画づくりがとても上手なので助かっています。このページは彼女監修です（笑）。

家事をみんなで公平に分担

　まずは写真をご覧ください。平日の仕事はこんなふうにみんなに分担されています。たとえばある日の朝を例に取ると、

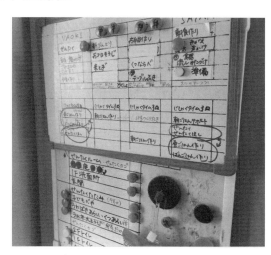

　　朝ご飯→ボク
　　お弁当づくり
　　　→長女、長男
　　洗濯物整理と洗濯干し→オクサン
　　お風呂掃除、余っている食器下げ→次女
といった具合です。
　夜は、夕食づくりがボクの時は、学童や保育園のお迎えがオクサン。

第3章　先生として成長しながら、日常を大切にするために　99

ある時はその逆。

　長女は2015年現在高3ですが、もうずっと自分のお弁当を自分でつくっています。「自分でつくっている家なんてないよ？？」と言いつつ、共働きの大変さも理解してくれていてとても助かります。

　家の仕事はみんなで分担。

　「過ごしやすい家族をみんなでつくる」はわが家の原則です。そして仕事がこのように可視化されていることで、自分の仕事がわかって便利。（さぼれないという恐怖も…）

　とはいえ、やっぱりオクサンが一番家事をしてくれているのですが…。

自分のことは自分で

　次女の学校準備用には「学校の準備ホワイトボード」が用意されています。写真のようなホワイトボードで、自分でこれを見ながら終わったカードを裏返していきます。保育園の時から続けているので、小学校に入ってもテキパキと一人で準備。おかげで親もイライラすることなく、朝の「早くしなさい！」が格段に減りました。上の子の時からやっていればよかったなあ。ここでも「やることの可視化」が大活躍です。

週末30分お片付けタイム

　とはいえ、日常はやっぱり忙しい。忘れてしまう仕事もあったり、ゆるやかに家が散らかってしまったり、庭の雑草がジャングルになっていたり…。そこで週末に30分、「休日スッキリタイム」も設定さ

れています。下記の写真のようにそれぞれの分担に従って、30分みんなで「えいやー！」と片付けます。平日はできないトイレ掃除や、洗面台、お風呂場掃除、布団干し等々を一気にやるのです。30分たったら途中でもおしまい。平日にやれないことを調整する時間です。46ページにある「残業デー」の家庭バージョンですね。

　このシステムもいろいろ試行錯誤を重ね、オクサンの知恵と工夫で（時にはけんかして）安定してきたものです。そもそも、こんな膨大な家事をオクサン一人でやるなんて、物理的に不可能。

　仕事を可視化してみんなで家事をやるシステムは本当に大切だなあと思うのです。これがなかったら、何だかんだと言い訳して、ボクは家事から逃げまくっていただろうなあ…。そう考えると、自分の潜在意識の中の「家事は基本的にはオクサンがやるもの」という思いこみに愕然とします。

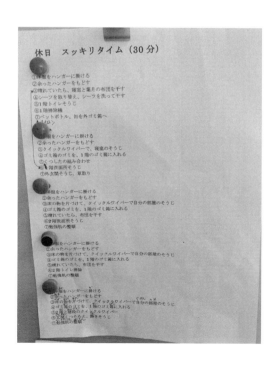

担任一人でがんばる時代は終わりを迎えています

　ここまでボクの失敗談や恥ずかしいエピソードも含めて「5時に帰るための仕事術」をみなさんと考えてきました。
　とはいえ、ボクたちががんばればすべて解決するか、というと残念ながらそうではありません。今はあまりにも「やらなくてはならない仕事」が多すぎるからです。

一人で全部は無理

　ボクたち一人ひとりの仕事量はとても時間内に終えられる量ではない、というのは確認しておきたいことです。中高では部活動の指導もあり、とても時間内では終えられない。学校へのニーズも多様になり、放課後もトラブル対応に追われることもしばしば。上からは山のような書類やアンケートが降ってきます。英語、ICT、アクティブラーニング等々。「よかれ」と思って現場に降りてくる新しいことは、ボクたちの日常の時間を奪っていきます。
　どう考えても、今のままではボクたちは倒れてしまいます。
　もはや一人の努力だけではどうにもできない、というのが正直なところです。

「一人でがんばる」から、「チームでがんばる」へ

　ではボクらはどうすればよいのでしょうか？
　個人の努力で変えられないところはどうすればよいのでしょうか。まずは「一人でやらずにチームで取り組む」ということを大切にした

いです。担任一人でクラスのことをがんばるのではなく、学年がチームとして取り組む。担当の授業を交換したり、一緒にやることを増やしたり。**長い目で見れば「学級制」がなくなっていくかもしれません。**相談員や学習ボランティア、スクールソーシャルワーカーなど、外の専門家ともつながり、いろいろな人と分担して仕事をしていく。**「担任一人でがんばる」から「チームで分担し協力し合いながら仕事をしていく」に変化していくでしょう。**

やれるところからやっていこう

今、学校の中にある仕事のリストラも大事になっていくでしょう。やるべきこと、やりたいこと、やらなくてもいいこと、人に任せられること。たとえば、学校の会計事務などは、担任の仕事から「学校事務職」の導入など、システムの変更なども検討すべきことでしょう。部活指導なども検討課題です。

でも残念ながら、ボクたちの力では、制度を変えることはできません。しかし、手元の小さなところは変えられます。本書を書いている時にボクが校内研修に関わらせていただいてる公立小学校では、学級経営案のスリム化や通知表の見直し、指導案を簡単にすることや会議を45分以内にすること、職員室のリフォーム等に、職員みんなで相談して取り組み始めています。

先生たちはとても楽しそう。「自分たちで変えられる」という思いは、人を元気にします。ボクたちも人を巻き込んでいくと、できないと思っていることもできるかもしれません。

本書で紹介してきたような数々の工夫。まずは一人からスタートですが、徐々に周りの人を巻き込んでいきましょう。TODOリストを共有したり、会議をみんなの力で短くしたり、たとえば学級通信を学年でローテーションで「学年通信」として出す、なんてアイデアもあるかもしれません。

現状を良しとはせず、だがしかし、したたかに、楽しんで、やれることからスタートしてみましょう！

岩瀬家の子ども３人に聞いてみました

　この本を書いていく途中で、ふと、
「わが子はどう感じているのだろうか？」ということが気になりました。
　もしかしたら、他の家庭に比べて家事分担は多いかもしれないし、親の思いとは裏腹に、精神的にも負担をかけているかもしれない。
　当事者に聞いてみなくちゃわからないこともあります。
　というわけで原稿依頼してみました。
　どんな回答が来たでしょうか？

　まずは長女。この原稿の時は高校３年生です。
　もはやわが家ではもう一人の「保護者」みたいに活躍してくれています。
　負担かけているかなあ…。

●**謎の使命感！　〜長女（高校生）の場合〜**
　小学生のときは特に意識していませんでしたが、改めて考えてみると家族そろって何かをする時間がとても多かったように思います。
　夜ご飯は全員で食べない日の方が珍しかったし、休日には公園で遊んだりキャンプへ出かけたり。私にとってはそれが普通だったけれど、二人とも働いているのにそのような環境をつくるのは大変だっただろうなと今は思います。
　もちろんいいことばかりではありませんでした。家事の分担は親だけでなく子どもにもされていたからです。お風呂掃除から始まり洗濯や夕食づくり、休日には全員で家の掃除。
　中高６年間ほぼ毎日自分のお弁当をつくり、最後の１年は弟と父の分も含め３つつくっていました。

どうして他の子はやらなくていいのに自分はやらなきゃいけないの？
　そう思ったことも少なくありません。
　でもいつからかそれがうちで他の家庭と比べるものではないと思うようになったし、家事の分担は当たり前で必要なことなのだと感じるようにもなりました。分担することで家族の時間がつくれているのだと気づくようになったからかもしれません。
　あとはやっぱり長女としての責任感ですかね（笑）
　「仕事も弟・妹の世話もしている両親をサポートする」
　という謎の使命感に駆られてもいましたし、それは今でも変わらないです。
　高校生になり、家事を分担されてきたことは自分にとってメリットになっているなと強く感じています。洗濯や掃除、食事作りなど家事全般をこなせるようになったので。
　（片付けはいつまで経ってもできるようになりませんが…。）
　一つ問題があるとすれば家事能力は女子高生には求められていないということですかね。
　学校では今のところ家庭科の調理実習で活躍できたくらいです（笑）。

＊＊＊

　続いて長男です。
　中学1年。部活に明け暮れる毎日です。気遣いのできる優しい男です。

● **学童お迎えもお任せあれ　　〜長男（中学生）の場合〜**
　ぼくは小学校の時から、ご飯炊いたり、お風呂掃除したり、トイレ掃除とかもやってました。
　正直大変だったけど、途中から慣れてきました。

家の事やるのは、親が共働きだし、ちょっとくらい手伝うのは当たり前だって思います。慣れてくれば時間もかからないし、たいしたことじゃないです。
　中学に入り部活も始まって帰りも遅くなることが多くなったけど、学校から早く帰れた日は、母に「学童お迎え行こうか？」
　とメールしてお迎えにいくこともあります。すごい感謝されるけど、なんか当たり前です。
　（筆者注：急な対応で何度助けられたかわかりません…感謝）

　休みの日は家族ででかけたり、遊んだりすることは多いほうだと思います。「休みの日は親がごろごろして邪魔」って言っている友だちもいますが、うちはキャンプ行ったり、遊びに行ったりしているので、そういう感じはないです。でも最近は部活で行けないことも多くなってきて、部活のほうが楽しくもなってきてます（笑）。

＊＊＊

　最後は次女です。
　上２人の「しっかりぶり」にずいぶん甘えて暮らしていますが、でもやっぱり寂しい思いをさせているんじゃないかなあと思ったりもしています。次女（小学校低学年）はインタビューしてみました。

● **学童も楽しい！　〜次女（小学校低学年）の場合**
　Q　家の仕事やってる？
　　食器並べたり、箸とコップならべたり、食器さげたり、晩ご飯をつくるの手伝ったりしてる。時々お風呂掃除。
　Q　大変？
　　普通ぐらいー。
　Q　いちばん楽しい仕事は？
　　野菜とか切るの。お料理は楽しいね。

Q　いちばん嫌いな仕事は？
　　お風呂掃除。2階に一人で行くのこわいから。だれか2階についてきてくれたら、別に大丈夫ー。
Q　学童保育行くのはどう？
　　普通ぐらいかな。まえより楽しくなったよ。外で鉄棒したり、中でシルバニアファミリーやったりしてる。
　　学童着いたらまず宿題やってー、おやつ食べて、外遊びして、中遊びしている。
　　お迎えは、遅くても別にいい。だって友だちと遊んでるから。家帰ると遊べないしね。

Q　お父さんがつくるご飯とお母さんがつくるご飯、どっちがおいしい？
　　えー!!　わからないよ！（笑）
Q　家で何してるのがいちばん楽しい？
　　みんなでトランプとかしてるときがいちばん楽しい！

＊＊＊

　いろいろありつつも、なんとかなっているようでホッとしました。これからも子どもの力を借りつつ、なんとか日々を過ごしていきたいと思います。

長いあとがき
ボクたちがやるべき仕事は何か

　ボクは子どもが3人いて、しかも5歳ずつ離れているので、ここ18年間ずっと「子育て期」でした。嬉しいやら大変やら…。本書で書いてきたように、オクサンも同業なので、保育園、学童のお迎え、晩ご飯づくり等々、怒濤の仕事で「5時に帰らざるを得ない」という18年間でした。

　結果として、家での時間がたくさんあり、子どもたちとたくさんの時間を共有することができました。それは本当に幸せなことだなあと思います。ここまで紹介してきた、小さな工夫の積み重ねで、早く帰らざるを得ないことで、仕事もずいぶん効率的にできるようになりました。「必要は発明の母」とはよく言ったものです。必要がなかったら、毎日9時、10時までやる日々だったかもしれません。

　一方、職場のほかの皆さんより先に帰るということは、ずいぶん長い間罪悪感がありました。

　教員の仕事って際限がありません。やろうと思えばいくらでもできる。

　ですから「遅くまで仕事をする＝一所懸命仕事をしている」という思い込みが生まれやすい仕事と言えます。忙しいのが当たり前。遅いのが普通。「教員の仕事はそういうもの」が常態化しやすい。

　だからついつい帰るのが遅くなります。自分の時間や家族の時間を後回しにしてしまいます。

　早く帰るときはどこか罪悪感が生まれます。

周りの人は子どもたちのために遅くまで仕事をしているのに、自分が早く帰るなんて一所懸命やっていないように感じてしまう。

本当にそんな働き方でいいのでしょうか？　際限がない仕事だから際限なく仕事をして、身も心もすり減っていく。自分の時間や家族の時間を後回しにしてしまう。持続可能なほかの道はないでしょうか。

ボクは、こんな問いについてよく考えます。

「もっとも理想的に進んだとしたら、ボクの日常はどんな日常になるだろう？」

「一番自分が幸せと思える生き方ってどんな生き方だろう？」

ボクはどんな生き方をしたいか？

もちろん仕事は大好きだし、仕事を通して人の成長や幸せに貢献できるのがうれしいし、やりがいを感じる。仕事との時間は一所懸命働く。子どもたちの成長に貢献したい。

シンプルにいい仕事がしたい。同僚といい関係を築きたいなあ。サポートし合いながら楽しく仕事したい。と同時に、自分の時間や家族の時間も大切にしたいなあ。

決められた時間で仕事はおしまい。夕方には家に帰る。

子どもとちょっと家の前で遊んだりして、夕食はみんなで談笑しながら食べる。

子どもたちが寝るまでは一緒に遊んだり、話したり、お笑いを見て一緒に笑ったり。家事ももちろんします。

「おやすみー！」と子どもが寝たら、読みたかった本を読んだり、映画を観たり、自分のスキルアップのためにちょこっと勉強したり。時には原稿を書くかも。ビール飲んじゃうかもね。そして明日のために早めに寝る。

休日は、月に1回は自分の成長のために研修や講座に行って学びたい。後の週末は、家族や自分、地元での時間に使いたいな。子どものサッカーの試合を見に行ったり、時には子ども会の役員をやったりもいいな。友だちとの時間もステキだし、ボクは割と一人が好きなので、

カフェに行って本を読んだり、散歩したりするのもいい。
　時には社会に貢献できるような仕事もしたいな。講座の講師もたまにはやろう。
　本も時々はがんばって書くぞ！
　そうやって日々を豊かに過ごすこと。当たり前の日常の彩りを大切にすること。
　仕事と日常を分けるのではなく、それをひっくるめて「私の人生」なわけだから、ボクが幸せを感じるような日常にしたい。ボクの周りの人にもできるだけ幸せになってほしい。
　読み直してみると、どこか夢物語のような気がしてしまいます。でもボクが望む「仕事のしかた」や「人生」ってこんな感じです。一人ひとりの「私はこんな働き方をしたい。こんな人生にしたい」があるはずです。それぞれの「こんなふうに働きたい。こんな人生にしたい」を大切にできる社会を子どもたちに残したいなあと思います。もちろん仕事にたくさんの時間をかけることが私のやりたいことだ、もOK。放課後の時間を、ほかにやりたい仕事にかけるのもOK。でも意志に反して際限なく働いて自分がすり減っていく…。そんな社会を子どもたちに残したくないなあと。
　とっても難しいことであるのは百も承知なのですが…。

オランダに行った時のこと

　3年前、オランダの学校に見学に行った時のこと。その学校に宿題がないと聞いて驚きました。その理由を尋ねるとおおよそこんなことでした。
　「学校で毎日学習している。決められた時間の中で終える、ということが大切。家での時間は各家庭で豊かに過ごしてほしい。だから家に持ち帰らない。大人の仕事も同じで、決められた時間の中で終えるのが有能で、残業や仕事の持ち帰りはしないほうがいい。余暇は自分の時間。宿題を毎日持ち帰るというのは、仕事の残りを持ち帰るようなもの。子ども時代から、余暇を豊かに過ごす体験をしてほしい」

がーんと頭を殴られた気がしました。
　「人生をどう生きていくか」なんだ。もちろん、働き方は多様で、その人の「こんな風に人生を生きていきたい」が保障されるといいなあと思います。少なくとも選択できる自由があるといいなあと。
　教員の仕事の多忙さは、個人の努力だけで解決できないことも多く、制度や仕組みの構造的な問題も多いです。でも、だからといってそれを待っていて、たった１度しかないボクらの人生を職員室で疲弊して終える、なんてことにはしたくない。
　遠い道かもしれないけれど、まず、ボクたち一人ひとりが自分の仕事の仕方をちょこっと変えるところから始めたい。その第一歩はたとえば、「５時に帰る」。
　ボクは帰らざるを得ないから、だったのですが、結果としてそれが自分にプラスでした。
　決められた時間の中でやれることからスタートです。そのために知恵を絞る。みんなで知恵を出し合って共有する。カンペキをめざさない。上手に頼り合う。
　管理職の人は、その知恵を共有して「持続可能な職員室」づくりをみんなでする。
　私の人生を丁寧に生きること、私を大切にすることからスタートしたい。
　もしかしたら、教室で子どもに影響を与えていることは、「何を言っているか」「何をやっているか」以上に「どう生きているか」かもしれません。ボクのバイブル『働き方革命―あなたが今日から日本を変える方法』の中で駒崎弘樹さんが、「働き方革命」を提唱しています。思いっきり共感しています。
　その一歩を、小さくてもいいから踏みしめたい。

　とは言いつつ。今から言い訳を始めます！
　ボクもこの本を書いている春から大学に仕事が変わり、なかなか慣れないし、ついつい遅くなってしまいます…(反省)。やることも多い

し、際限がない。この文の冒頭の感じに思いっきり戻っています。そして遅く帰るのが常態化し始めてました…(猛省)。

　だがしかし、ボクもがんばってみます。

　本書をここまで読んでくださってありがとうございます。

　明日からこれやってみよう！　というものが一つでもあれば、そしてそこでできた時間があなたのステキな時間になると本当にうれしいなあと思っています（ぜひメール等でフィードバックください！）。

　持続可能な社会は持続可能な働き方から。ここから一緒に一歩を踏み出してみましょう！

岩瀬 直樹

参考文献

『最少の時間と労力で最大の結果を出す「仕組み」仕事術』
　　（泉正人、ディスカヴァー・トゥエンティワン）

『働き方革命―あなたが今日から日本を変える方法』
　　（駒崎弘樹、ちくま新書）

『デッドライン仕事術』（吉越浩一郎、祥伝社新書）

『ストレスフリーの仕事術』（デビッド・アレン、二見書房）

『ストレスフリーの整理術』（デビッド・アレン、二見書房）

『アナタはなぜチェックリストを使わないのか？』
　　（アトゥール・ガワンデ、晋遊舎）

『マニャーナの法則　明日できることを今日やるな』
　　（マーク・フォースター、ディスカヴァー・トゥエンティワン）

『なぜ、仕事が予定どおりに終わらないのか？』
　　（佐々木正悟、大橋悦夫監修、技術評論社）

『２人が「最高のチーム」になる―ワーキングカップルの人生戦略』
　　（小室淑恵・駒崎弘樹、英治出版）

『７つの習慣』（スティーブン・R. コヴィー、キングベアー出版）

『よくわかる学級ファシリテーション①　かかわりスキル編』
　　（岩瀬直樹・ちょんせいこ、解放出版社）

『よくわかる学級ファシリテーション③　授業編』
　　（岩瀬直樹・ちょんせいこ、解放出版社）

『クラスづくりの極意―ぼくら、先生なしでも大丈夫だよ』
　　（岩瀬直樹、農文協）

『元気になる会議―ホワイトボード・ミーティングのすすめ方』
　　（ちょんせいこ、解放出版社）

『自分の仕事をつくる』（西村佳哲、筑摩書房）

著者紹介

岩瀬 直樹（いわせ　なおき）

1970年生まれ。埼玉県公立小学校教諭を経て、東京学芸大学教職大学院准教授。ファシリテーター。NPO「Educational Future Center」理事。西脇KAI所属。著書に、『きょうしつのつくり方』（旬報社）、『みんなのきょうしつ』（学事出版）、『せんせいのつくり方』（旬報社）、『よくわかる学級ファシリテーション』シリーズ①②③（解放出版社）、『クラスづくりの極意─ぼくら、先生なしでも大丈夫だよ』（農文協）、『効果10倍の学びの技法』（PHP新書）などがある。

成果を上げて5時に帰る教師の仕事術

2016年1月25日　初版発行
2016年3月4日　3刷発行

著者	岩瀬 直樹（いわせ　なおき）
発行者	佐久間重嘉
発行所	学陽書房

〒102-0072　東京都千代田区飯田橋1-9-3
営業部　　　　TEL 03-3261-1111／FAX 03-5211-3300
編集部　　　　TEL 03-3261-1112
　　　　　　　振替口座　00170-4-84240

カバーデザイン／スタジオダンク　イラスト／尾代 ゆうこ
本文デザイン・DTP制作／メルシング　岸 博久
印刷／図書印刷　製本／東京美術紙工

© Naoki Iwase 2016, Printed in Japan. ISBN 978-4-313-65276-7 C0037
乱丁・落丁本は、送料小社負担にてお取り替え致します。

Ａ５判・120ページ　定価＝本体1700円＋税

なぜ仕事のできる先生は帰るのが早いのか？
教師の抱える膨大な仕事をサクサク進めるための仕事の見切り方、こなし方から、人間関係のマネジメント法までこれ１冊でわかる！

仕事がパッと片づく！
うまい教師の時間術

中嶋郁雄
Nakashima Ikuo

子どもとの時間が増える！
クラスも伸びる！

もっと効率的な働き方の
鉄則がわかる！

学陽書房

Ａ５判・128ページ　定価＝本体1700円＋税

「仕事がとにかく終わらない…」そんな日々に追われていませんか？　もっと効率的に仕事ができて、生活が充実し、クラスも伸びる方法を知りたい人へ。年間のダンドリから、毎日の仕事のこなし方まで、忙しい教師のための人生を変える時間術！